시험에 나오는

철학 입문

시험에 나오는
철학 입문

사이토 테츠야 지음 | 정용휴 감역 | 김선숙 옮김

주식회사 **성안당**
도서출판

프롤로그

이 책은 일본 대학 입시 센터시험* 윤리 과목에 출제된 문제를 토대로 하여 서양철학의 개요와 큰 흐름을 해설한 책이다.

그렇다고 해서 이 책이 수험생용으로 만들어진 학습 참고서는 아니다. 오히려 철학에 대한 관심은 있었으나 철학을 전혀 접해 보지 못한 대학생이나 사회인, 그리고 철학을 다시 배우려는 직장인이 읽었으면 좋겠다는 생각으로 썼다.

서점에 가면 뛰어난 철학 입문서가 많이 나와 있다. 철학의 역사를 파헤친 책, 주제별로 해설한 책, 스토리 형식으로 쓴 책 등 철학에 접근하는 방법도 다양하다.

그런 책들과 비교하면 고대 그리스에서 20세기 전반까지의 저명한 철학자를 차례로 설명한 이 책의 구성은 매우 전통적이라 할 수 있다. 단적으로 말하면, 서양철학사 입문서다.

---

*일본 각 대학의 입학시험에 앞서, 전국적으로 일제히 실시하는 공통 시험으로, 우리나라의 수능과 비슷하다.

그렇다면 이 책의 특징은 어디에 있을까. 형식면에서는 이미 언급한 것처럼 센터시험 '윤리' 문제를 인용한 점을 들 수 있다.

　고등학교에서 배우는 윤리 과목에는 종교와 서양 사상, 동양 사상, 일본사상이 들어 있는데, 서양철학 부분을 꺼내보면 입문적인 내용을 균형 있게 다루고 있다. 그리고 거기서 출제되는 센터시험 내용도 각 철학자의 핵심 사상을 묻는 문제가 대부분이다. 그런 의미에서 센터시험 문제는 철학에 입문하는 계기로 안성맞춤이다. 게다가 철학 사상의 중요 인물에 관해서는 과거 20년간 여러 차례 등장했다. 이 책에서는 그 중에서 알아두면 도움이 될 만한 문제를 엄선했다.

　물론 철학을 접해 본 적이 없는 사람은 문제를 풀기 어려울 수도 있다. 문제는 어디까지나 방향을 알려 주는 이정표이기 때문에 실제로 읽어나가는 단계에서는 '아, 이 철학자에 대해서는 이런 점을 알아야 하는구나'하고 짐작하면 된다.

　이 책은 센터시험 문제를 설명하는 책이 아니다. 각 철학자에 대해서는 고등학교 윤리 교과서나 참고서 이상으로 자세히 설명했다. 그런 점에서 윤리를 공부하는 고등학생이나 수험생에게도 매우 도움이 될 것이다.

　이 책의 내용적인 특징은 이렇다. 기존의 철학 입문서를 보면 한 철학자를 두 쪽에 걸쳐 설명한 극단적으로 단순화한 것과 전문 철학(연구)자가 깊이 있게 다룬 두 가지로 나누어지는 경향이 있다.

이 책의 수준은 그 중간보다 약간 쉽다. 난이도를 별 다섯 개로 표현한다면, 별 두 개 또는 두개 반 정도이다. 초등학생이라면 몰라도 독해력이 있는 중학생 정도면 충분히 이해할 수 있는 내용으로 구성되어 있다.

이해하기 쉽게 쓴 입문서에서는 어렵게 느끼지 않도록 인용하는 구절이 거의 없다. 그 중에는 설명하는 내용의 출처조차도 밝히지 않은 것도 있다. 이 책도 지면 관계상 인용을 많이 한 것은 아니지만, 읽는 데 지장이 없도록 배려했다. 설명한 내용의 출처도 본문에 분명하게 밝혔다.

이 책에서 다룬 철학자는 시험에 나온다고 내건 만큼 실제 센터시험에 자주 출제되는 철학자를 중심으로 선택했다. 특히 제Ⅲ장에서 다루는 19세기 이후의 철학 사상에 관해서는 중요 인물이 누락된 곳도 있다.

근현대 철학자를 어디까지 다룰지에 대해서도 고민했지만, '시험에 나온다'는 관점에서 골랐다는 점을 밝혀둔다.

이 책은 다음과 같이 구성되어 있다. Ⅰ장에서는 고대 그리스와 중세철학, Ⅱ장에서는 베이컨과 데카르트에서 시작, 헤겔에 이르는 현대 철학, Ⅲ장에서는 19세기 이후의 근대 비판 철학을 다루었다. 각 장의 시작 부분에는 각 시대 배경, 연표와 함께 그 장 전체의 길잡이가 되는 내용을 설명했다.

각 장은 각각 여섯 개의 절로 구성되어 있다. 각 절을 읽기 전에 이 도입 부분의 문제를 읽고 가능하면 문제를 풀어보기 바란다. 감으로 풀어도 상관없다. 그 뒤에 개별 철학자의 본질을 설명하는 본문을 읽고 마지막에 다시 한 번 문제를 풀어보면 좋을 듯하다. 아마 어떤 문제도 쉽게 풀릴 것이다. 쉽게 풀 수 있도록 각 절 끝에 간단한 설명과 함께 정답을 제시해 두었다.

이 책에서 인용한 센터시험 윤리 과목 문제에 도전해보고 중요한 곳에 넣은 일러스트도 참고해서 설명을 읽어보면 고대 그리스에서 20세기에 이르는 서양 사상의 흐름이 머리에 들어올 것이다.

책 뒷부분에는 철학을 더 배우고 싶은 분들을 위해 북가이드를 수록했다. 단언하건대, 원전이 실린 철학서는 몇 가지 예외를 제외하고는 대부분 문외한이 갑자기 읽기에는 너무 어렵다. 따라서 각 철학자에 관해서는 양질의 입문서나 해설서의 도움을 받는 것이 좋다. 권말 북가이드를 활용하여 철학에 대한 열정을 다음 책으로 옮겨 보기 바란다. 이 책이 그 교량 역할을 할 수 있다면 더 이상의 보람은 없을 것이다.

＊시험 문제를 인용할 때 취지를 바꾸지 않는 범위에서 고친 곳이 있으므로 참고하기 바란다.

차례

Ⅱ '신'이 주역의 자리를 내주고 퇴장한다
근대철학의 본질

III 비뚤어진 철학자들이 당연한 것을 의심하기 시작했다
근대 비판의 철학

I

철학은 '무지의 지'에서
시작되었다

고대 그리스 철학에서 스콜라 철학으로

Ⅰ장 관련 연표

연대	주요 사건	주요 철학자
BC 500 ~BC 449	페르시아 전쟁	밀레투스의 탈레스(BC 624?~546?) 헤라클레이토스(BC 535?~475?) 소크라테스(BC 470~399)
BC 431 ~BC 404	펠로폰네소스 전쟁	데모크리토스(BC 460?~370?) 플라톤(BC 427~347) 아리스토텔레스(BC 384~322)
BC 334 ~BC 324	알렉산드로스 대왕의 동방 원정	에피쿠로스(BC 341?~270?) 제논(BC 335~263)
BC 31 ~BC 30	로마에 의한 이집트 병합	
313	로마가 기독교 공인	아우구스티누스(354~430)
395	로마제국이 동서로 분열	
476	서로마제국 멸망	
527	동로마제국에서 유스티니 아누스 황제 즉위	
711	서고트 왕국 멸망	
800	카롤루스 대제 대관	
962	신성로마제국 성립	
1096	십자군 원정 시작	
1215	마그나 카르타	토마스 아퀴나스(1225?~74) 오컴(1285?~1349?)
14세기 ~16세기	르네상스	

이 장에서는 기원전 6세기부터 13세기까지, 서양사 구분으로는 고대에서 중세에 걸친 철학의 흐름을 살펴보고자 한다. 많은 철학 연구자가 지적했듯이 서양 사상은 고대 그리스 철학과 중세 기독교 신학이라는 두 갈래를 원천으로 한다. 근대 이후의 철학을 이해하려면 고대와 중세철학자들이 무엇을 문제 삼았는지 알아둘 필요가 있다.

　서양철학은 기원전 6세기 고대 그리스의 이오니아 지방에서 탄생했다. 이오니아 지방은 현재의 터키 남서부 지역이다. 이오니아 지방의 자연 철학자들은 **당시의 중심적인 세계관이었던 신화와는 다른 방법으로 만물의 원리를 설명하려고 했다.** 만물의 근원은 물이다, 만물의 근원은 공기다, 만물의 근원은 원자(atom)다 등등 계속해서 새로운 자연 철학자가 등장해 만물의 근원을 둘러싸고 다양한 설을 내놓았다(1-1 참조).

　이오니아 지방에서 철학이 탄생한 이유에 대해서는 여러 설이 있다. 당시 이 부근에는 밀레투스와 에베소 등 그리스의 식민도시가 많았다. 이들 식민도시는 그리스 본토에서 떨어져 있었기 때문에 전통에 얽매이지 않고 자유롭게 생각할 수 있었다. 게다가 동방 오리엔트와 활발하게 교류했기 때문에 지적 자극을 받았을 것이라는 견해가 있다. 고등학교 윤리 참고서 등에는 식민도시 주민은 노예를 소유했기 때문에 학문이나 토론을 할 만한 여유가 있었다고 설명되어 있다.

먼 옛날의 일인 만큼 결정적인 이유는 알 수 없으나, 어쨌든 이오니아 지방을 발화원으로 여러 그리스 식민도시에서 만물의 원리를 탐구하는 철학자들이 등장했다.

기원전 5세기에 들어와 아테네에 직접 민주정이 정착하자 소피스트들이 가르치는 변론술이 유행 사상이 되었다. 자신의 주장을 강변하는 자가 인기가 있었던 셈이다.

그때 등장한 사람이 '**무지의 지(知)**'로 유명한 소크라테스다. 소크라테스는 당시 아테네에 만연했던 '잘 구슬리는 자가 이긴다'고 하는 태도를 비판하고, **무지에 대한 자각이 있어야 비로소 지(知)를 사랑하고 구하는 철학(philosophy)이 시작됨**을 몸소 보여 주었다(1-2 참조). 그리고 그 사상을 계승한 플라톤의 **이데아론**(1-3 참조)과, 플라톤의 제자 아리스토텔레스의 **경험 중심 철학**(1-4 참조)이 그 후 서양철학이 전개해 나가는 데 결정적인 영향을 미친다.

고대 그리스가 몰락하고 알렉산드로스 대왕이 세계 제국을 구축하는 기원전 4세기부터 헬레니즘 시대가 시작된다. 이 시기에는 **마음의 평안을 추구**하는 윤리 탐구 쪽으로 철학적 사색의 방향이 흘러간다(1-5 참조). 이윽고 로마제국 시대에 기독교가 성립하고 그 영향력이 확대됨에 따라, 교리에 관한 논쟁이 활발해지는 가운데 **플라톤 철학을 바탕으로 한 신학**이 형성되어간다. 그 대표적인 인물이 로마제국 말기부터 중세 초기에 걸쳐 활약한 아우구스티누스다(1-6 참조).

로마제국이 붕괴한 후 기독교(교회)는 중세사회의 지배적인 원리가 되어 사람들의 생활에 압도적인 영향력을 행사한다. 일반적으로 중세철학을 **'스콜라 철학'**이라고 한다. 스콜라(Schola)는 교회나 수도원에 부속되었던 신학교라는 의미의 라틴어로, 오늘날 학교를 뜻하는 스쿨(school)의 어원이기도 하다. 교회에 부속되었던 신학교에서 가르치던 신학은 시대가 지나면서 체계화하는 동시에 대학 강의 과목이 되었다. 이 스콜라 철학을 집대성해 철학적으로 완성시킨 사람이 13세기의 토마스 아퀴나스인데, 그 사상은 아리스토텔레스 철학을 내재화하면서 형성되어갔다(1-6 참조).

플라톤과 아리스토텔레스는 중세철학(신학)에 어떤 식으로 수용되어 갔는지 이 점을 염두에 두면서 이 장을 읽어 나가기 바란다.

1-1 소크라테스 이전에 무슨 일이 일어났는가?

신화에서 이성으로

먼저 센터시험 문제를 인용해 보자. 고대 그리스 철학자들에 대한 문제다. 문제가 쉬워 철학에 대한 지식이 없어도 풀 수 있다. 그런데 왜 이 문제를 인용하는가 하면, 제시문에 고대 그리스 철학의 포인트가 명쾌하게 제시되어 있기 때문이다.

[문제 1] 다음 ☐ 안에 들어갈 가장 적합한 말을 ❶~❹ 중에서 고르시오.

예로부터 위대한 철학자나 종교인은 전통적인 권위나 기존의 가치관과 대결하면서 자신의 사상을 지켜왔다. 고대 그리스 사상가인 크세노파네스는 '반드시 죽어야 할 존재인 인간들은 신들이 자신들과 유사한 형상과 목소리를 가졌다고 생각한다'며 그리스 신화의 ☐를 비판했다. 그리스 철학자들은 당시 사회에 지배적이었던 신화를 비판하는 데서 출발하여 신에 대해서도 이성적으로 탐구했다. 거기에 나타나 있는 것이 바로 자기 내면의 이성으로 자연이나 인간 사회를 지배하는 논리를 해명하려는 자세다.

❶ 애니미즘적인 신관

❷ 일신교적인 신관

❸ 이성주의적 신관

❹ 의인화된 신관

(2002년 센터 본시험 제1문·문제 1)

고대 그리스의 신화적 세계관

우선 고대 그리스에 대해 간략하게 설명해 두겠다. 고대에 '그리스'라는 하나의 국가만 있었던 것은 아니다. 고대 그리스 사람들은 지중해 각지로 이주해 기원전 8세기경부터 '폴리스'라 불리는 도시국가를 만들었다. 그들이 만든 도시국가 수는 천 수백에 이르는 것으로 추정된다.

그들은 제각기 국가가 다르지만, 같은 그리스어로 말하고 같은 신들을 믿었다는 점에서 동포 의식을 공유하고 있었다. 그러니까 고대 그리스로 한데 묶을 수가 있다.

서두에서 언급했듯이 서양철학의 역사는 고대 그리스 이오니아 지방에 있는 식민도시 밀레투스(현재의 터키 연안 아나톨리아 반도 남서부)를 무대로 막을 열었다.

철학사 책을 펼치면 으레 처음에 등장하는 사람이 '만물의 근원(아르케)은 물'이라고 주장한 **탈레스**(BC 624년경~BC 546년경)다. 그런데 왜 탈레스를 최초의 철학자로 여기는 걸까?

그 이유는 인용한 제시문과 관련이 있다. 그리스 철학자들은 당시 사회에 지배적이었던 신화를 비판하는 데서 출발했기 때문이다.

당시 고대 그리스의 공통적인 세계관은 '신화'에서 비롯되었다. 고대 그리스 신화 연구가인 후지무라 시신 씨는 《고대 그리스의 리얼》이라는 책에서 다음과 같이 말한다.

> 그들에게 신화는 과학인 동시에 역사이고 정치였으며, 때로는 전쟁에서 인간의 생사에도 영향력을 갖는 매우 현실적이고 치명적인 이야기였다.
>
> –《고대 그리스의 리얼》, 46~47쪽

당시 신화는 호메로스(기원전 8세기)의 대서사시 《일리아드》《오디세이》나 헤시오도스(기원전 700년 경)의 《신통기(神統記)》 등에서 읽을 수 있다. 최고의 신 제우스는 비와 번개, 폭풍을 부르고, 제우스의 형제인 해신 포세이돈은 지진과 해일, 홍수를 일으킨다. 신들의 계보를 적은 《신통기》에서는 태초의 혼돈, 즉 카오스에서 대지의 여신 가이아, 지하세계의 가장 깊은 곳인 타르타로스, 사랑의 신 에로스 등 태초의 신들이 태어났고, 가이아는 하늘의 신 우라노스와 바다의 신 폰토스를 낳았다는 이야기로 천지창조를 설명한다.

고대 그리스어로는 신화를 '**미토스**(mythos)'라고 한다. 고대 그리스 사람들은 예로부터 전해 내려오는 신들의 이야기를 통해 자연현상은 물론 역사도 이해했다. 인간의 욕망과 감정도 신들이 불어넣은 것이라고 생각했다.

그런데 이러한 '신화적 세계관'을 깬 사람이 탈레스를 비롯한 이오니아 지방의 자연 철학자들이었다.

왜 탈레스를 최초의 철학자라고 할까

탈레스는 **이 세상의 삼라만상을 신들의 이야기가 아니라 인간의 로고스에 의해 합리적으로 설명**하려고 했다. 로고스란 언어, 논리, 법칙, 이성 등의 의미를 가진 그리스어로, 우리말로는 사물의 이치에 가깝다는 의미이다.

탈레스의 '만물의 근원(arche)은 물'이라는 말을 생각해 보자. 아르케란 근원이나 원리, 시작이라는 뜻의 그리스어다.

이 세계가 물로 되어 있다는 설명은 탈레스의 전매특허가 아니다. 이집트나 바빌로니아 등 고대 오리엔트에도 물의 신에서 모든 것이 생겨난다는 신화가 있다.

그러나 탈레스가 주목한 물은 물의 신이 아니라 **눈앞에 보이는 자연 속의 물**이었다. 이것을 고대 그리스 철학자 아리스토텔레스(BC 384년~BC 322년)는 다음과 같이 설명한다.

> 탈레스는 지혜에 대한 갈구[철학]의 시조인데 '물'이 그것 [= 원리(아르케)라고 말한다(그러므로 대지도 물 위에 있다고 주장했다). 그리고 그가 이 견해를 품게 된 것은 아마도 모든 것의 양분이 물기가 있는 것이고, 열조차도 그것으로부터 생성

하고 이로 인해 생존하는 것을 보기 때문일 것이다. 그런데 모든 것이 그것으로부터 생성한다는 그것이야말로 모든 것의 원리[시작·근본]이다.

　　－아리스토텔레스 《형이상학(상)》, 이데 다카시 옮김, 이와나미문고, 32~33쪽

　탈레스 자신이 직접 쓴 저작은 남아 있지 않기 때문에 이 아리스토텔레스의 설명이 탈레스를 최초의 철학자로 간주하는 중요한 증언이다. 아리스토텔레스의 추측을 믿는다면 탈레스는 초목도 동물도 물을 양분으로 한다는 것을 관찰한 결과, '만물의 근원은 물이다'라는 결론에 이르렀다고 할 수 있다. 이 개념 속에는 신은 들어 있지 않다. 요컨대 탈레스는 신화적 세계관에서 벗어나 삼라만상을 이성(로고스)으로 설명하려고 했다. 표어적으로 말하면, '신화(mythos)에서 이성(logos)으로'라는 **세계관의 전환**이 일어났다고 할 수 있다.

탈레스에게 반론을 제기한 제자

　재미있는 것은 즉시 탈레스에게 반론을 제기한 인물이 등장한다는 점이다. 탈레스의 제자인 **아낙시만드로스**(BC 610년경~BC 546년경)는 불이나 흙이 물로 되어 있다고는 생각하지 않았다. 그래서 만물의 원리를 구체적인 성격을 갖지 않는 **무한정의 것**이라고 역설했다. 탈레스에 비해 훨씬 추상적이다. 물이나 불, 흙 같은 특정 물질을 만물의 근원이라고 생각하면 설명하는 데 한계가 있다. 그래서 무한정한 것이라는 매우 추상적인 말로 만물의 원리를 설명한 것이다.

　그렇다면 그 무한정한 것이란 대체 뭘까? 이것을 따져보고 싶어지

는 독자도 있을 것이다. 아낙시만드로스의 **제자인 아낙시메네스**(BC 585년~BC 528년경)도 이에 의문을 품었는데 만물의 근원은 **공기**라고 생각하기에 이른다.

원자와 분자, 소립자라는 것을 아는 현대인의 감각으로는 소박한 대답처럼 보이지만 물보다도 공기가 더 다양한 사물로 변하기 쉬운 느낌이 든다. 공기가 짙어져 구름이나 물이 된다고 하면 우리는 그럴지도 모른다고 생각한다. 또한 공기는 무한정한 것처럼 추상적이지 않고 일상적으로 경험할 수 있는 것이다. 그런 의미에서 아낙시메네스의 '만물의 근원은 공기다'라는 말은 탈레스와 아낙시만드로스의 약점을 극복하고자 한 고찰이었던 셈이다.

아낙시메네스에게는 다음과 같은 저작의 단편이 남아 있다.

> 공기인 우리의 영혼이 우리를 단단히 장악하고 있는 것처럼
> 호흡과 공기가 우주 전체(자연 만유)를 둘러싸고 있다.
> —히로카와 요이치 《소크라테스 이전의 철학자》 고단샤학술문고, 60쪽

여기서 중요한 것은 인간의 영혼(프시케)도 공기로 간주한다는 점이다. 아낙시메네스뿐 아니라 고대 그리스의 자연 철학자들에게는 **자연을 의미하는 '피시스'가 단순히 물질적인 자연이 아니라 영혼과 생명, 그리고 신까지도 포함시킨 '삼라만상'**을 뜻했다. 때문에 그들은 신화적인 설명을 거절했으나 결코 신의 존재를 부정한 것은 아니다. 탈레스가 말한 '만물은 신들로 충만하다'라는 문구에서도 이 점을 알 수 있다.

'만물의 본질'이란 무엇인가?

이렇게 밀레투스에서 촉발한 만물의 원리를 밝히려는 철학은 고대 그리스 각지에서 활발하게 전개되었다.

피타고라스의 정리를 발견한 피타고라스(BC 570년경~BC 496년경)가 이탈리아 크로톤에서 제자들과 함께 **피타고라스학파**를 만들었다. 피타고라스학파는 만물의 원리가 수(數)라고 주장했다. 이들의 철학은 나중에 더 살펴보겠지만 플라톤의 철학 형성에 큰 영향을 미쳤다.

밀레토스보다 약간 북쪽에 있는 에베소는 **'만물은 유전(流轉)한다'**로 알려진 **헤라클레이토스**(BC 535년경~BC 475년경)가 독특한 철학을 만들어 낸 곳이다. '만물은 유전한다'는 말이 후세에 만들어졌다는 설도 있는데, 헤라클레이토스는 '같은 강물에는 두 번 들어갈 수 없다'는 말을 남긴 것으로 알려져 있다.

헤라클레이토스는 독설 아니면 수수께끼 같은 심오한 말들을 한다 해서 후대 사람들은 그를 '어두운 사람(스코테이노스)', '수수께끼 같은 사람'이라 불렀다. 대하기 너무 힘들 것 같은 인물이지만 의외로 따르는 사람이 많았고 후세의 하이데거도 헤라클레이토스를 좋아했다.

그런데 '모든 것이 변화한다'고 하면 만물의 원리가 존재하지 않는 것처럼 보일지 모르지만, 헤라클레이토스는 만물의 기원을 '불'로 생각했다. '만물은 불로부터 만들어진 집합체이고, 불은 만물의 집합체다'라는 말도 남겼다. 불을 에너지로 파악하고, 나타났다 사라지는 불을 만물의 근본 원리라고 생각했는지도 모른다. 수수께끼 같은 사람에 걸맞게 남겨진 말도 수수께끼 같지만, 그는 **만물의 변화를 중시하면서도 그들에게 공통의 이치(logos)가 있다는 것도 강조했다.**

변화를 강조하는 헤라클레이토스와 대조적인 사람이 남부 이탈리아 엘레아 출신 파르메니데스(BC 515년경~BC 445년경)다. 파르메니데스는 '존재란 없다가 있고, 있다가 없을 수 있으므로 생성이나 소멸도 있을 수 없는 일이다'라고 단호히 말했다.

대체 무슨 말인가? 직관적으로 설명하자면, 예컨대 물이 끓으면 증발하지만 그렇다고 해서 수소나 산소가 사라진 것은 아니다. 이를 극도로 추상화하면, '존재하는 것은 존재하며 존재하지 않을 수 없다'는 말이 되기 때문에 사물이 무(無)에서 생성되어 변화하는 '생성 변화'나 만물이 끊임없이 변하여 끝이 없는 '만물유전(萬物流轉)'은 부정된다. 따라서 파르메니데스에게는 **'있다'는 존재 자체가 만물의 본질**이었다.

그리고 원자론이 등장했다!

여러분은 파르메니데스의 견해를 어떻게 생각하는가? 실제로 세계는 다양하게 변하고 있다. 모든 생성과 변화를 부정하는 견해를 쉽게 이해하기 어려울 수도 있다. 그래서 '만물유전'과 '존재하는 것은 존재한다' 양쪽 모두를 설명하는 견해가 등장한다.

엠페도클레스(BC 490년경~BC 430년경)는 **세계의 근원은 흙·물·불·공기 등 4원소**라고 주장했다. 이 4원소는 사랑의 힘(묶는 힘)과 미움의 힘(끌어내리는 힘)에 의해 서로 합쳐지고 분해되는 과정을 반복하면서 여러 가지 물질로 만들어지기도 하고 소멸되기도 한다는 것이 그의 생각이다.

이런 견해를 세련되게 표현한 것이 **데모크리토스**(BC 460년경~BC 370년경)의 **'아톰(원자)'**이다. 데모크리토스가 말하는 아톰은 더 이상 분할할 수 없는 것이라는 의미로 현대 과학의 원자에 매우 가깝다. 만물의 근원은 원자이며, 다종다양한 아톰이 아무것도 없는 공간을 운동하고 다양하게 결합하여 세계가 만들어진다는 것이 바로 데모크리토스가 주장하는 원자론이다.

다만, 엠페도클레스도 그렇지만 데모크리토스가 생각하는 원소나 아톰은 무기질이라는 물질이 아니다. 4원소와 아톰은 살아 있는 물질이다.

여기까지 살펴본 것처럼, 고대 그리스에서 활약한 초기 철학자들에게는 자연적인 질서와 인위적인 질서라는 구분이 없이 인간과 동식물을 포함한 모든 사물에 공통되는 원리를 탐구했다. 그것이 크게 변화하는 것이 다음 절에서 살펴볼 소피스트와 소크라테스 시대다.

정답과 해설

'반드시 죽어야 할 존재인 인간들은 신들이 자신들과 유사한 형상과 목소리를 가졌다고 생각한다'는 말은 신이 인간과 같은 모습을 했다고 생각하는 것이므로 정답은 ❹ 의인화된 신관이다. 서두에서도 언급한 바와 같이 이 제시문은 고대 그리스 철학의 요점을 깔끔하게 설명했다. 이 절을 복습하는 차원에서 제시문을 다시 읽어보기 바란다.

1-2 '무지의 지'란 무엇인가?
소크라테스 vs 소피스트의 공방

　다음에 인용한 것은 유명한 '무지의 지'에 관한 문제다. 소크라테스와 대화하는 인물이 어떤 식으로 무지를 자각했는지를 묻는 점이 독특한데, 앞의 문제와 달리 무지의 지를 정확하게 이해하고 있지 않으면 풀기 어렵다.

> [문제 2] 다음 밑줄 친 부분에 대해 플라톤의 대화편에 등장하는 인물이 '무지의 자각'을 표명한 것으로 가장 적합한 것을 ❶~❹ 중에서 고르시오.
>
> 　초기 그리스의 자연 철학자들은 자연을 탐구 대상으로 해서 만물의 근원을 밝히는 데 전념했다고 하는데, 거기에는 자연의 일부인 인간의 근원적인 모습을 찾겠다는 의도가 들어 있었다. 헤라클레이토스는 만물유전설을 제창하면서 '나는 자기 자신을 탐구했

다'는 말을 남겼다. 이러한 자기 탐구의 정신은 소크라테스로 계승되어 간다. 소크라테스는, 대화 문답을 통해 사람들을 자기 자신에 대한 억측에서 해방시켜 무지의 자각에 근거한 진실의 자아와 마주하게 하려고 애썼다.

❶ 소크라테스는 상대에게 질문할 뿐, 자신은 무엇 하나도 대답하려고 하지 않는다. 대답하는 것보다 묻는 것이 더 쉽다는 것을 잘 아는 사람이라서, 누군가가 질문하면 짐짓 모르는 체하며 대답을 피했다.

❷ 소크라테스는 자신을 궁지에 몰아넣을 뿐 아니라 다른 사람도 궁지에 몰아넣는다. 지금까지 많은 사람들에게 덕에 대해 내가 말한 게 나름대로 썩 괜찮은 내용인 줄 알았다. 그런데 지금은 덕이란 무엇인지조차 말할 수 없게 되었다.

❸ 대화 문답을 통해 논의를 진행시켜 나가는 소크라테스의 열정은 칭찬할 만하다. 나는 나쁜 사람이 아닌데다 나만큼 질투심과 거리가 먼 인간은 없으니까 소크라테스가 지혜로운 인물 중 한 사람이 되었다 하더라도 결코 놀라지 않을 것이다.

❹ 소크라테스라는 사람은 늘 그렇다. 대부분 대수롭지 않은 것들을 반문하며 상대를 반박하려고 한다. 만약 누군가가 뭐든 그의 말에 동의해 준다면, 그는 마치 젊은이처럼 아주 기뻐할 게 분명하다.

(2003년 센터 추가시험 제1문 · 문제 4)

포퓰리즘, 아테네를 뒤덮다

먼저, 소크라테스(BC 470년~BC 399년)가 등장했을 무렵의 아테네에 대해 간략하게 설명해 두고자 한다.

기원전 6세기에 아테네에는 민주정치의 토대가 형성되었고 기원전 5세기에는 모든 성인 남성에게 정치 참여를 인정하는 직접 민주 정치체제가 실현되었다. 하지만 여성과 노예에게는 정치 참여의 권리가 인정되지 않았다.

아테네에서 민주정이 발달한 배경 중 하나는 페르시아 전쟁[01]의 해전에서 활약한 무산 시민[02]의 정치적 발언권이 커진 점을 들 수 있다.

그러나 그것은 또한 민주정 쇠퇴의 시작이기도 했다. 현대적으로 말하면 포퓰리즘(대중의 견해와 바람을 대변한다고 주장하는 정치 형태)이 아테네를 뒤덮어, 입담이 좋은 달변가가 판치는 세상이 되어 간다. 어딘가 현대와 비슷한 광경이 이미 아테네에 출현했던 것이다.

조금 어렵게 표현하자면 이러한 아테네의 상황은 **피시스(자연)의 질서와 노모스(인위)의 질서가 괴리**되어 간 것을 보여준다. 고대 그리스의 자연 철학자들은 인간도 자연(피시스)의 일부이며, 우주의 일부인 이상 인간의 행위인 정치 질서도 자연적인 질서와 불가분의 관계에 있다고 생각했다. 요컨대 만물의 이치는 인간의 행동을 설명하는 이치이기도 했던 것이다.

그러나 민주정치가 무르익어 정치는 오로지 인위적인 기술(노모스)로 이해되었다. 단적으로 말하면, 전통적인 가치관과 관습법은 떨쳐지고 개인주의를 전제로 한 정치가 탄생한다. 이 점에서도 아테네의 민주정과 현대 민주주의의 성쇠와는 어딘가 겹쳐 보인다.

소피스트의 상대주의

이러한 시대에 나타난 사람이 소피스트와 소크라테스였다. 소피스트란 소피아(지혜)가 있는 사람을 의미하지만 기원전 5세기의 아테네에서는 보수를 받고 교양과 변론술을 가르치는 직업 교사를 소피스트라고 불렀다. 그들은 자연 철학자처럼 만물의 원리를 탐구하는 것이 아니라 오로지 정치의 장에서 사람들을 설득하기 위한 변론 기술을 가르치는 데 힘을 쏟은 대가로 상당한 보수를 받았다.

소피스트에게 공통된 가치관은 **프로타고라스**(BC 490년경~BC 420년경)의 '인간은 만물의 척도다'라는 말로 상징된다. 즉, 소피스트들은 개인이 가치 판단의 기준이고 척도[03]라는 상대주의적 가치관에 입각하여 **사람을 잘 구슬리는 설득의 기술**을 시민에게 가르치는 데 중점을 두었다.

'옳은 것이 아니라, 옳다고 생각되는 것을 바라야 한다'(그라우콘), '강자의 이익이 곧 정의다'(트라시마코스) 등등 보편적인 정의를 완전히 무시한 그들의 주장이 침투함에 따라 아테네 시민들은 부와 권력, 명예만을 추구하게 되었다.

더욱이 아테네 연합과 스파르타 연합이 대결하는 펠로폰네소스 전쟁(BC 431~BC 404년) 중에는 아테네에 대중을 기만하는 선동정치(데마고그)가 차례로 나타나 아테네는 스파르타에 패배하고 만다. 화폐

---

01 BC 492년부터 BC 448년까지 지속된 페르시아 제국의 그리스 원정 전쟁으로, 그리스의 여러 도시국가들은 페르시아 제국에 연합 대응하여 성공적으로 공격을 막아냄.

02 재산이 없어서 정치 참여가 어려운 시민. 하지만 페리클레스에 의해 진행된 수당 제도를 통해 정치에 참여할 수 있게 됨.

03 평가하거나 측정할 때 의거할 기준.

경제의 발달과 거듭되는 전쟁은 빈부 격차를 확대시키고 평등을 취지로 하는 폴리스의 원리를 멍들게 했다.

이러한 위기의 시대에 여전히 '강자가 곧 정의'라고 거리낌 없이 말하는 소피스트에게 정면으로 맞선 사람이 철학자 소크라테스였다.

소크라테스 = 플라톤?

소크라테스는 '필로소피'(지(知)를 사랑하는 것)라는 말을 처음 사용한 인물로 알려져 있다. 그러나 소크라테스는 살아생전 한 편의 글도 남기지 않았다.

그렇기 때문에 우리는 소크라테스를 그린 작품이나 텍스트를 통해서 소크라테스를 이해할 수밖에 없다. 여기서는 관례에 따라 소크라테스의 제자인 플라톤의 작품에서 소크라테스의 사상을 고찰해 보고자 한다.

하지만 플라톤의 저작으로 좁힌다 해도 우리는 또 다른 어려움에 봉착한다. 플라톤은 많은 작품을 남기긴 했으나, 소크라테스를 주인공으로 해서 대화체로 쓴 것이 대부분이다. 그리고 작품에 따라서는 소크라테스의 말을 가장하여 플라톤 자신의 생각을 말한 것도 많기 때문에 소크라테스와 플라톤을 엄밀하게 나눌 수가 없다.

다만, 일반적으로는 《소크라테스의 변명》, 《크리톤》 같은 초기의 대화편은 비교적 소크라테스의 사상에 충실하게 쓰여 있다. 지금부터 소개하는 것도 플라톤의 초기 대화편에 그려진 소크라테스임을 머릿속에 담아두기 바란다.

'무지의 지'는 어떻게 자각되었는가

소크라테스는 실로 불가사의한 철학자다. 어느 날, 소크라테스의 친구가 델포이 신전에서 "소크라테스보다 지혜로운 사람은 없느냐"고 물었다. 신전에 있던 무녀는 "아무도 없다"고 대답했다. 무녀의 입에서 나온 말은 신탁(神託), 즉 신이 사람을 매개자로 하여 그의 뜻을 나타낸 것이기 때문에 신이 '소크라테스가 가장 지혜로운 자'라고 보증한 것이나 마찬가지다.

친구에게 이 말을 들은 소크라테스는 당혹스러워했다. 자신은 지혜롭지 못하다는 것을 인식하고 있었기 때문이다. 그런데 신은 왜 자신을 가리켜 가장 지혜로운 자라고 했을까?

그래서 그는 신의 말이 틀렸다는 것을 증명하기 위해 지혜로운 자로 알려진 인물을 찾아가 물었다. 그런데 기대와는 달리 그 사람은 스스로 지혜가 있다고 믿었으나, 그렇지 않다는 것을 소크라테스는 알았다.

무지의 지(知)

스스로 지혜가 있다고 믿고 있는 인물　　　자신의 무지를 아는 소크라테스

이 사람은 모르는데도 안다고 생각하지만, 나는 모르니까 모른다고 생각한다.

ㅡ플라톤 《소크라테스의 변명 외》 다나카 미치타로 옮김, 중앙클래식스, 19쪽

하지만 소크라테스는 포기하지 않고 자신보다 지혜로운 사람이 있는지 확인하기 위해 정치인과 작가, 장인을 찾아가 묻기를 반복했지만 결과는 마찬가지였다.

이렇게 해서 소크라테스는 신탁의 의미를 **'자신이 아무것도 모른다는 것을 소크라테스는 다른 누구보다 잘 아는 것'**이라는 결론을 내렸다. 이것이 그 유명한 '무지의 지(知)'라는 것이다.

소크라테스의 수법은 깊이 따져 묻는 것

이후 소크라테스는 아테네 시내를 돌아다니며 사람들과 대화 문답을 거듭해나갔다. 일례로 《메논》이라는 대화편의 시작 부분을 살펴보고자 한다.

메논이라는 청년은 변론술을 열심히 연습한 성과를 시험해 보려고 소크라테스에게 이런 질문을 던졌다.

소크라테스, 당신에게 묻겠어요. 대답해 주세요. 덕(Arete)은 배울 수 있는 건가요? 아니면 훈련으로 몸에 익히는 건가요? 훈련을 통해 몸에 익히거나 배울 수 있는 게 아니라면, 선천적이나 그 밖의 방법에 의해 사람들에게 덕이 갖춰지는 건가요?

ㅡ플라톤 《메논ㅡ덕에 대하여》, 와타나베 구니오 옮김, 고분샤, 22쪽

이에 대해 소크라테스는 "모르겠다. 나는 덕이 무엇인지 모른다"고 대답했다. 덕이 무엇인지 모르면 덕이 어떻게 갖추어지는지 대답할 수 없다. 그래서 소크라테스는 메논에게 덕이 무엇인지 대답해 달라고 재촉한다.

메논은 아주 쉬운 일이란 듯이 "남자의 덕은…, 여자의 덕은…"이라고 설명하고 그 외에도 자녀의 덕, 연장자의 덕, 노예의 덕 등 무수히 많은 덕이 있다고 대답했다.

하지만 소크라테스가 원한 답은 '덕이란 무엇인가?'라는 덕의 본질[04]이었다. 메논이 말한 덕은 별개일까? 공통점이 있지 않을까? 소크라테스는 계속해서 메논에게 묻고는 메논이 뭔가 대답할 때마다 그 모순을 지적하고 반박해 나갔다.

《메논》에서 볼 수 있는 것처럼, 소크라테스가 상대방에게 '무지의 지'를 자각시키기 위해 취한 문답법을 **산파술**이라고 한다. 산파(조산사)의 도움 없이 임신한 사람이 출산하기는 어렵다. 산파와 임신한 사람이 협력하여 출산하는 것처럼 대화를 통해 **자신의 무지를 자각하면서 편견을 깨고 '참 지식'을 지향하는 것**이 소크라테스에게 있어서의 철학이었다.

이러한 소크라테스의 문답에 나타난 특징적인 수법이 '**에이로네이아**(eironeia)'다. 에이로네이아는 소크라테스가 무지(無知)를 가장하고 안다고 자부하는 상대방에게 질문하는 형식으로, 아이러니, 시치미를 떼고 무언가를 둘러대기, 모르는 척하기를 뜻한다. 철학자 치바 마사야 씨가 《공부의 철학》에서 제시한 따져 묻기가 바로 이 수법이

---

04 어떤 존재에 관해 '그 무엇'이라고 정의될 수 있는 성질.

라고 생각하면 이해하기 쉬울 것이다. "모르겠다. 그건 왜지? 그게 무슨 뜻이지?" 하고 상대의 대답에 계속 따지며 무지를 깨닫게 한다. 그것이 소크라테스식 에이로네이아다.

상대주의에 대한 목숨을 건 저항

소피스트가 구체적이고 실천적인 지식을 가르치려 했던 반면 소크라테스는 '덕이란 무엇인가?', '선이란 무엇인가?' 등과 같은 **본질**에 집착했다.

이미 살펴보았듯이 상대주의적 가치 기준을 가진 소피스트는 보편적으로 올바른 지식이 있다는 것을 인정하지 않았다. 이에 반해 소크라테스는 무지에 대한 자각을 통해 보편적인 진리에 접근하려고 했다.

그러나 그 보람도 없이 기원전 399년에 소크라테스는 '아테네가 인정하는 신들을 인정하지 않고 다이몬(귀신)을 믿었다', '청년들을 타락시켰다'는 혐의로 고발되어 아테네의 시민 재판을 받게 되었다. 소크라테스의 재판은 실제로는 정치적 대립과 세간의 평판이 얽힌 것이지만, 그 설명은 여기서는 생략한다. 그 재판이 열린 곳에서 소크라테스는 아테네 시민에게 다음과 같이 호소한다.

> 세상 누구보다 뛰어난 아테네 시민들이여! 그대들은 아테네라는, 지력으로 보나 무력으로 보나 가장 명성이 높은 위대한 나라의 사람이면서 단지 돈을 최대한 많이 쥘 수 있는 일에만 신경을 쓰고 있다. 부끄럽지도 않은가? 명성과 지위는 그렇게 신경 쓰면서 사려와 진실은 신경 쓰지 않고, 영

혼(생명)을 위해서는 걱정도 하지 않는다는 게 말이 되는가.

–플라톤 《소크라테스의 변명 외》, 다나카 미치타로 옮김, 주오코론샤, 45쪽

아테네 시민은 소크라테스의 주장에는 아랑곳하지 않았고 소크라테스에게는 사형이 선고되었다.

감옥에서 탈출할 것을 권하는 친구 크리톤에게 소크라테스는 아테네의 국법과의 가상 대화를 들려준다. 국법의 목소리는 소크라테스에게 그대로 사형을 받아들인다는 건 국법에 의한 피해가 아니라 세상 사람들이 덮어씌운 부정행위를 인정하는 일이라고 말한다(《크리톤》).

독배를 마시고 죽은 소크라테스가 선택한 건 부정에 부정을 거듭하는 길이 아니라 폴리스의 정의로운 국법을 준수하는 일이었다. 그것은 '인간은 만물의 척도다'라고 하는 소피스트의 상대주의에 대한 결사적인 저항이었는지도 모른다. 《크리톤》에 등장하는 소크라테스의 말로 마무리하겠다.

'소중히 해야 할 것은 그냥 사는 것이 아니라 잘 사는 일이다.'

정답과 해설

선택지 중에서 '무지의 자각'에 해당하는 것은 ❷의 '지금까지 많은 사람들에게 덕에 대해 내가 말한 게 나름대로 썩 괜찮은 내용인 줄 알았다. 그런데 지금은 덕이란 무엇인지조차 말할 수 없게 되었다'고 하는 한 구절밖에 없다. 앞에서 언급한 《메논》이 바로 ❷에 이르는 청년 메논을 그리고 있다. 따라서 정답은 ❷이다.

1-3 동굴은 무엇을 비유한 것인가?
플라톤의 이데아론

이 절의 주인공은 플라톤(BC 427년~BC 347년)이다. 센터시험 문제를 인용해 보겠다. 문제 속에 나오는 '동굴의 비유'는 생소한 단어일 수도 있다. 그러나 이 비유는 플라톤 철학의 근간을 이루는 이데아론에서 이상국가론까지를 이해하는 데 빼놓을 수 없는 것이다.

문제 3 플라톤은 동굴의 비유를 사용하여 자신의 사상을 전파했다. 그 비유에 대한 설명으로 가장 적합한 것을 다음의 ❶~❹ 중에서 하나를 고르시오.

❶ 많은 사람들은 영혼이 육체로부터 해방될 때까지 쾌락이나 욕망의 속박에서 벗어나지 못한다. 그것은 마치 죄수가 동굴 안에 갇혀 죽을 때까지 도망칠 수 없는 것과 흡사하다.

❷ 많은 사람들은 개인생활에만 눈을 돌린 나머지 사회적 이상을 추구하려고 하지 않는다. 그것은 마치 동굴 안에 갇혀 생활하는 사람들이 그곳 생활에 안주하고 동굴 밖으로 나와 이상국가를 건설하려고 하지 않는 것과 비슷하다.

❸ 많은 사람들은 보편적인 진리는 존재하지 않고, 진리는 상대적으로만 말할 수 있다고 한다. 그것은 마치 사람들이 각기 동굴 속에서 각자의 기준으로 진위를 판단하는데도, 그 옳고 그름에 타인은 참견할 수 없는 것과 흡사하다.

❹ 많은 사람들은 감각된 것을 실재라고 믿어버린다. 그것은 마치 동굴 벽을 향해 묶여 있는 죄수가 벽에 비친 배후의 그림자를 실물이라고 믿어버리는 것과 비슷하다.

(2006년 센터 본시험 제2문·문제 5)

피타고라스학파의 영향

앞 절에서 살펴본 것처럼 소크라테스는 아테네 시민 재판에서 사형을 선고받았다. 기원전 399년, 플라톤이 스물여덟 살 때이다.

소크라테스의 제자인 플라톤의 눈에 보이는 민주정은 결코 이상적인 정권이 아니었다. 민주정은 쉽게 중우정치[05]로 전락하고 만다. 민주정에 불신을 품은 플라톤은 《국가》라는 대화편 속에서 철학자가 정치가가 되어 국가를 다스려야 한다는 '**철인 정치**'의 비전을 제시한다.

---

05 이성보다 일시적 충동에 의하여 좌우되는 어리석은 대중들의 정치. 고대 그리스 민주 정치의 타락한 형태를 이르던 말로서 민주 정치를 멸시하는 뜻으로 쓰임.

대체 왜 철학자가 국가를 통치해야 하는가. 거기에 깊이 관여하는 것이 **이데아론**이다.

이데아론을 이해하는 데 있어 **빼놓을 수 없는 것**이 피타고라스학파의 영향이다. 이데아론의 원류가 피타고라스학파에 있기 때문이다. 플라톤은 마흔 살 때 남부 이탈리아와 시칠리아 섬을 여행하고 피타고라스학파 사람들과 교류했다. 그 후 아테네 교외에서 아카데메이아라는 학원을 설립했다. 아카데메이아의 문에는 '기하학 지식이 없는 자는 들어가지 말 것'이라는 팻말이 걸려 있다.

1-1절에서 언급했듯이, 피타고라스학파는 만물의 원리를 '수(數)'라고 생각해서 영혼의 불멸과 윤회전생(輪廻轉生)[06]을 믿은 반면 육체와 감각, 현실 세계는 경시했다. 그리고 플라톤 역시 숫자와 계산을 매우 중시했다. 《국가》에는 다음과 같은 구절이 나온다.

> 모든 기술이나 사고, 지식도 공통적으로 사용하는 뭔가가 있다. 이것은 누군가가 먼저 배워야 하는 것이다. …즉, 1과 2와 3을 식별하는 능력이다. 이를 총괄하여 말하면, 숫자와 계산이다.
>
> –《국가(하)》 후지사와 노리오 옮김, 이와나미문고, 127쪽

우리의 오감은 1이나 2라는 숫자 자체를 보거나 들을 수 없다. 그럼에도 불구하고 우리는 숫자를 사용하여 물건을 측정하거나 계산하기도 한다. 도형에도 수학적 규칙을 찾아 볼 수 있다. **눈에 보이지 않는 숫자야말로 삼라만상의 원리**라고 하는 개념은 분명히 밀레토스학파의 자연 철학과는 다른 유형의 사상이다.

이데아계와 현상계

숫자는 감각적인 존재가 아니라 감각을 초월한 것이다. 이 감각을 초월한 것에서 본질을 구하는 사고를 플라톤은 피타고라스학파로부터 이어받았다. 그것이 플라톤 철학의 가장 중요한 개념인 이데아론이다.

이데아라는 말은 당시 그리스에서는 '모양', '형태'라는 의미로 사용되었다. 그런데 플라톤이 말하는 이데아는 단순한 형태가 아니다. 플라톤의 대화편에 등장하는 이데아는 **영원불변의 본질**을 말한다.

예컨대 현실 세계에는 장미와 해바라기, 시클라멘 등 색깔도 모양도 크기도 다른 다양한 꽃이 있다. 하지만 우리는 그것을 보고 같은 '꽃'이라는 것을 안다.

왜일까? 인간의 영혼은 원래 천상의 이데아계에 있어, 꽃의 이데아, 즉 꽃을 꽃답게 하는 본질을 본 적이 있기 때문이라고 플라톤은 생각했다. 이상한 설명이라고 생각할지 모르지만 좀 더 플라톤에 대해서 생각해 보자.

인간은 꽃, 옷, 회화, 조각, 풍경 같은 전혀 다른 것을 봐도 '미(美)'를 느낀다. 이것도 우리가 천상의 이데아계에서 미(美)의 이데아를 보았기 때문이다.

하지만 지상 세계에 태어난 순간 인간은 미(美)의 이데아를 봤다는 것을 잊어버린다. 잊어버렸지만 무의식중에 미(美)의 이데아를 그리워한다. 그렇기 때문에 인간은 영혼이 아름다운 사물을 만나면 예전

---

06 죽은 뒤에도 인간의 영혼은 영원히 존재하며 미래의 생활을 계속한다고 하는 영혼불멸설에 기반한 사상으로 수레바퀴가 끊임없이 구르는 것과 같이, 중생이 번뇌와 업에 의하여 생사 세계를 그치지 아니하고 돌고 도는 일.

이데아계와 현상계

이데아계
꽃의 이데아는
이데아계에 존재한다.

현상계
보거나 듣는 현실의 세계. 모든 현상계의 꽃은 꽃의 이데아를 나누어 갖고 있다.

에 본 이데아를 떠올려 아름답다고 느낄 수가 있다. 이데아를 떠올리는 것을 '**상기**(anamnesis)'라고 하며, 영혼이 무의식중에 이데아를 그리워하는 것을 '**에로스**'라고 한다.

이처럼 플라톤은 세계를 **이데아계**(천상계)와 **현상계**(지상계)로 나눴다.

우리가 사는 현상계의 사물에는 이데아가 통째로 있는 것은 아니고 그 편린[07]만 있다. 예컨대 꽃을 피워 아름다움을 뽐내는 꽃들은 아름다움 그 자체(완벽한 미)가 아니라 미(美)의 이데아를 다소 나누어 갖고 있지만, 시들어 버리면 그것도 없어져 버린다. 그러니까 인간의 영혼은 꽃을 보면 꽃이 나누어 갖고 있는 미(美)의 이데아를 상기하고 시든 꽃에서는 아름다움을 느끼지 못한다.

이데아론에 따르면 영혼은 불멸이며 윤회전생을 되풀이한다. 죽으면 지상계에서의 영혼이 이데아를 상기할 수 없기 때문이다. 여기서도 영혼의 불멸과 윤회전생을 믿은 피타고라스학파의 영향을 알 수 있다.

철학자의 역할은 무엇인가

앞의 설명에서도 알 수 있듯이 천상계에는 꽃, 잔디, 미(美), 용기 등 다양한 이데아가 있다. 그 수많은 이데아 속에서 플라톤은 선(善)의 이데아를 최상위 이데아라고 생각하고 '이데아의 이데아'라고 말한다. 선(善)의 이데아를 모르면 어떤 사물도 유용하게 여기지 않기 때문이다.

플라톤은 선(善)의 이데아를 태양에 비유하여 설명했다. 지상계에서는 태양 덕분에 인간도 동식물도 생육할 수 있다. 또한 햇빛이 있기 때문에 다양한 것을 볼 수 있다. 그런 의미에서 태양은 지상에 있는 사물의 궁극적인 원인이다.

그러나 동시에 당시 사람들은 태양 자체는 변화하지 않는다고 생각했다. 또한 눈이 너무 부셔 태양을 직시할 수도 없었다. 즉, 사물의 존재와 인식[08]의 근원인 태양 그 자체는 변화하지 않고 인식할 수도 없다.

이데아계 속에서는 선의 이데아가 태양에 해당한다. 즉, 선(善)의 이데아가 있어야 비로소 다른 이데아가 존재할 수 있고, 그것을 알 수도 있다. 어려운 비유처럼 들릴 수도 있지만 그렇게 플라톤은 설명했다.

---

07 한 조각의 비늘이라는 뜻으로, 사물의 극히 작은 한 부분을 이르는 말.
08 사물을 분별하고 판단하여 앎.

동굴의 비유

죄수는 등 뒤에 있는 불빛에 의하여 앞면 벽에 비친 그림자를 진짜(실재)라고 생각한다.

그렇게 되면 태양처럼 선의 이데아를 알기는 매우 어렵다. 다양한 꽃을 보고, 꽃의 이데아를 떠올리는 것과는 난이도가 다르다. 보통은 선(善)의 이데아를 알 수 없고, 원래 이데아의 세계가 있다는 것조차 자각하지 못한다.

이것을 플라톤은 '동굴의 비유'로 설명했다. 플라톤은 이데아에 무관심한 사람들을 동굴 벽을 향해 손발이 묶인 채 횃불에 의해 벽면에 생긴 그림자를 바라보는 죄수에 비유했다. 동굴은 지상계, 횃불은 태양, 그림자는 인간이 감각(오감)으로 파악하는 사물에 해당한다.

우연히 죄수 한 사람의 줄이 풀려 뒤돌아보니, 횃불의 불빛이 눈에 들어왔다. 처음에는 매우 눈부시고 고통스럽게 느껴질 것이다. 그러나 서서히 익숙해져 이윽고 동굴 밖으로 나오면 바깥세상은 진짜 태양이 빛나고 태양 아래에 다양한 사물이 존재한다는 것을 알게 된다. 여기서 바깥세상은 이데아의 세계, 진짜 태양은 선(善)의 이데아에 비유한 것이다.

바깥세상을 목격한 죄수는 동굴에 돌아와 다른 죄수에게도 뒤를 돌아보게 해서, 바깥세상이 있다는 것을 알리고자 한다. 그러나 다른 죄수는 그의 설명을 의아해하며 좀처럼 납득하지 않는다.

다소 장황한 설명이긴 하지만 플라톤이 무엇을 말하려고 했는지 알 수 있다. 그는 즉, **대중은 본질(idea)을 알지 못하고 감각의 세계를 자명한 사실로 받아들이기 때문에 이성으로 이데아의 세계를 아는 철학자가 그것을 알게 해주어야 한다**고 말한다.

본질은 보고 듣는 것만으로는 알 수 없다. 이성적으로 사고해야 비로소 본질을 알 수 있다. 그렇게 할 수 있는 사람은 철학자뿐이다.

이원론이 서양 사상을 만들었다

플라톤의 이데아론에서 볼 수 있는 것처럼 세계를 진리의 세계와 현상의 세계로 나누어 파악하는 견해를 '이원론'이라고 한다. 플라톤의 '이데아/현상'이라는 구분은 무한·유한, 영혼·육체, 이성·감각이라는 구분에 겹쳐져 서양 사상의 기본적인 틀을 만들어 나가게 되었다.

도식화하면 다음과 같을 것이다.

$$
\text{이원론} \begin{cases} \text{이데아} & \text{무한} & \text{영혼} & \text{이성} \\ \text{현상} & \text{유한} & \text{육체} & \text{감각} \end{cases}
$$

영국의 철학자 화이트헤드가 저서 《과정과 실재》 속에서 유럽의 철학적 전통은 '플라톤에 대한 일련의 각주들로 구성되어 있다'고 말한 것처럼, 이 이원론의 영향은 절대적이다. 후에 볼 수 있는 기독교 신학의 '신의 나라/지상의 나라', 칸트의 '물자체/현상'이라는 구분도 **이원론의 연장선 위에 있는 개념**이다.

영혼 삼분설과 이상 국가론

그런데 이데아론이 왜 '철인정치'로 이어져 간 것일까?

플라톤은 《국가》에서 영혼이 있는 모습을 이상적인 국가의 모습에 견주어 **이상국가**라는 것을 구상했다.

인간의 영혼은 이데아를 아는 **'이성'**, 사물을 결정하는 **'의지'**, 감정에 관여하는 **'욕망'**으로 이루어져 있다는 게 플라톤의 생각이다. 이를 '영혼 삼분설'이라고 한다. 그리고 이 세 가지가 제대로 작동하면 각각 지혜·용기·절제라는 미덕이 되고, 이 세 가지 덕이 조화를 이루면 정의의 덕이 생겨난다고 생각했다.

그렇다면 어떻게 해야 정의의 덕을 실현할 수 있을까? 그러기 위해서는 마부인 이성이 의지와 욕망이라는 말을 잘 컨트롤할 필요가 있다고 플라톤은 말한다.

이 영혼의 모습을 국가에 적용하면 어떻게 될까? 플라톤은 국가도 세 계급으로 나뉜다고 말한다. **지배 계급, 방위 계급, 생산 계급**의 세 계급이다. 이 세 계급에는 영혼 삼분설과 세 가지 덕에 따라 다음과 같은 적임자가 있다.

표1 영혼 삼분설과 국가의 세 가지 계급

영혼의 세 부분	덕		국가의 세 계급
이성	지혜		지배 계급
의지	용기	정의	방위 계급
욕망	절제		생산 계급

• 지배 계급 : 지혜를 가진 이성적인 사람

• 방위 계급 : 용기를 가진 의지가 넘치는 사람

• 생산 계급 : 절제를 필요로 하는 욕망이 있는 사람

그리고 이 세 사람이 조화를 이루면 국가도 정의의 덕을 실현할 수 있다. 그것이 플라톤이 생각하는 이상국가다(표 1).

여기서도 중요한 것은 국가의 이성을 담당하는 지배 계급이다. 지배 계급은 이성을 사용하여 항상 이데아(=본질)를 구해야 한다.

그러기 위해서는 현재의 통치자가 철학자가 되든가 철학자가 통치자가 되든가 하는 수밖에 다른 선택의 여지가 없다. 어쨌든 '철학자=통치자'가 아니면 이상 국가는 실현되지 않는다고 플라톤은 생각했다. 즉, 동굴 밖의 세계를 본 철학자가 다시 동굴로 돌아가 통치자로서 죄수들을 밖으로 데리고 나와야 한다는 것이다.

┌─ 정답과 해설 ─

여기까지 이해했다면 문제를 쉽게 풀 수 있을 것이다. 정답은 ❹ '많은 사람들은 감각된 것을 실재라고 믿어버린다. 그것은 마치 동굴 벽을 향해 묶여 있는 죄수가 벽에 비친 배후의 그림자를 실물이라고 믿어버리는 것과 비슷하다'이다.

1-4 세계의 구성요소를 어떻게 풀어내야 하는가?

플라톤에서 아리스토텔레스로

플라톤에 이어 이번에는 아리스토텔레스(BC 384년~BC 322년)를 다뤄보고자 한다. 우선 센터시험 문제를 인용해 보자.

문제 4 다음 문장을 읽고 밑줄 부분의 내용을 설명하는 문장으로 가장 적합한 것을 ❶~❹ 중에서 하나 고르시오.

지(知)의 탐구에 뜻을 둔 자들은 자기 성장을 이끌어주는 곳을 찾아 여행을 떠났다. 후에 만학의 아버지라 불리기에 이른 아리스토텔레스도 그런 젊은이 중 한 사람이었다. 그가 입학한 아테네의 아카데메이아에는 각지에서 많은 사람들이 모여들어 깊은 사색과 활발한 논의가 이루어졌다고 한다. 자유로운 학문적 분위기 속에서 학문을 깊이 연구한 아리스토텔레스는 이윽고 스승의 가르침과는 다른 독자적인 철학을 구축하기에 이른다.

---

❶ 어떤 사물을 다른 것으로부터 구별하는 형상은 사물에서 격리되어 존재하는 것이 아니라 개별 사물 속에 내재해 있다.

❷ 감각을 포착할 수 있는 개체(個體)는 완전한 것이 아니라, 이성이 파악할 수 있는 보편적 본질이야말로 진정한 실재이다.

❸ 진리는 모든 인간에게 객관적인 진리이기에 앞서 자신에게 주체적 진리여야 한다.

❹ 자신을 지자(知者)라고 생각하는 사람들은 인간에게 가장 소중한 것이 무엇인지 모르고, 모르면서 안다고 믿어버리는 것에 지나지 않는다.

(1996년 센터 본시험 제1문·문제 2)

세계를 정리하려고 한 사람

제시문 속의 스승의 가르침은 앞에서 설명한 플라톤의 이데아론을 가리킨다. 아리스토텔레스는 스승인 플라톤의 이데아론을 어떻게 비판했는가가 이 문제의 포인트다.

마케도니아에서 태어난 아리스토텔레스는 열일곱 살 때 아테네로 가서 플라톤이 주재하는 아카데메이아에 입학한다. 하지만 이미 아테네는 쇠퇴기로 접어들었기 때문에 플라톤이 죽은 후 아리스토텔레스는 마케도니아로 돌아가 후에 고대 최대의 마케도니아 제국을 구축하는 알렉산드로스 대왕의 개인교사가 되었다. 말년에는 다시 아테네로 돌아와 리케이온(Lykeion)이라는 학원을 세우고 연구와 교육에 몰두했다.

아리스토텔레스의 수업 범위는 실로 방대하다. 형이상학, 윤리학, 논리학, 정치학, 시학, 변론술, 천체와 기상, 동물 잡지, 자연학, 수면, 해몽 등 온갖 학문에 대한 저작이 남아 있다. 아리스토텔레스를 '만학(萬學·모든 학문)의 아버지'라 부르는 이유가 여기에 있다.

그의 전모를 들여다볼 수는 없기 때문에 여기서는 **플라톤의 차이에 주목하여** 아리스토텔레스의 철학을 살펴보고자 한다.

앞서 살펴보았듯이 플라톤의 이데아란 천상의 세계에 있는 이념적인 '형태'를 가리키는 것이었다. 하지만 이데아가 정말 있는지를 경험으로 확인하는 방법은 우리에겐 없다. 그 의미에서는 독단적인 논쟁이라는 비난을 면치 못할 것이다.

동시에 아리스토텔레스는 자연 철학자들이 다양하게 주장한 사물의 근원(아르케)에 대한 설명에도 만족하지 못했다.

아리스토텔레스는 선인이 주장한 설을 정중하게 음미하고 그 위에 자신의 철학을 쌓아 올려가는 유형의 철학자다. 재야 사상가였던 고사카 슈헤이(小阪修平) 씨는 명저 《일러스트 서양철학사(상)》에서 '아리스토텔레스는 세계를 정리하려고 했던 사람이었다'고 평했다.

세계는 형상과 질료로 되어 있다

아리스토텔레스의 철학은 **플라톤의 이상주의와는 달리 현실주의**인 것으로 알려져 있다.

그것이 현저하게 드러나는 것이 《자연학》[09]이나 《형이상학》[10]에서 전개하는 이데아론에 대한 비판이다.

플라톤의 경우 의자의 이데아(이념적 형태와 구조)는 경험적인 지상 세계와는 격리된 천상의 이데아계에 실재하는 것이었다. 그러니까 현실의 의자는 이데아의 품질이 떨어지는 복제품에 지나지 않는다. 이에 반해 아리스토텔레스는 사물의 본질적인 특징이 이데아계에 있다고는 생각하지 않았다.

의자의 본질적인 특징(앉을 수 있는 형태)은 현실의 의자에 내재되어 있다. 그리고 사물에 내재되어 있는 본질적인 특징을 아리스토텔레스는 '**형상**(에이도스)'이라고 불렀다. 에이도스(eidos)는 영어로 말하자면 form이다.

하지만 사물이 형상만으로 되어 있는 것은 아니다. 어떤 물건도 그것을 구성하는 소재나 재료가 필요하다. 의자나 책상이라면 나무, 컵이라면 유리가 필요한 것이다. 이러한 재료나 소재를 **질료**(質料)라고 한다. 영어로 하면 material에 해당한다.

이처럼 현실의 의자는 **형상과 질료가 합쳐져 만들어진다**는 것이 아리스토텔레스의 생각이다.

우리의 상식에 비추어 보면, 플라톤보다는 아리스토텔레스의 설명 쪽이 받아들이기 쉽다. 확인할 수 없는 천상의 세계에 의자의 이념이 있다고 생각하는 것보다 현실의 의자에 의자 형태와 성질이 내재되어 있다고 생각하는 편이 이해하기 쉽다. 아리스토텔레스를 현실주의자라고 하는 이유도 잘 알 수 있다.

여기서 자연 철학자들의 논쟁을 떠올려보자. 만물의 근원을 물이

---

09 운동 및 정지의 원리를 그 자체 내에 포함한 자연적 존재를 대상으로 다루는 학문.
10 경험 세계인 현실 세계를 초월하여 그 뒤에 숨은 본질, 존재의 근본원리를 체계적으로 탐구하려는 학문.

나 공기, 아톰이라고 생각했던 그들은 이른바 **형상을 빼놓고 질료에만 주목하는 논쟁**을 벌였다. 참고로 아리스토텔레스 자신은 질료가 불·물·공기·흙이라는 네 원소의 조합으로 되어 있다고 생각했다. 한편 플라톤과 같이 영원히 변하지 않는 이데아는 아리스토텔레스의 형상에 해당한다.

고사카 슈헤이 씨의 탁월한 발상을 빌리자면, '아리스토텔레스는 플라톤의 이데아에서 형상의 개념을 이어받고, 이오니아 자연학에서 질료의 개념을 이어받아, 이 두 아르케의 조합으로 세계를 생각했다'(《일러스트 서양철학사(상)》)고 할 수 있다.

세계의 변화까지도 설명할 수 있다

아리스토텔레스는 형상과 질료의 개념을 이용하여 사물의 운동이나 변화도 설명했다. 의자를 예로 들어 생각해 보자.

먼저 의자의 질료가 목재라는 것은 알 것이다. 하지만 목재 그 자체는 의자가 아니다. 목재라는 형상(형태와 기능)이 더해져야 비로소 의자가 된다. 정확히 표현하자면 '**목재**(질료) **+ 의자의 형상 → 현실의 의자**(질료+형상)'가 된다.

이때 목재 → 의자라는 변화를 아리스토텔레스는 **가능태**(可能態) **→ 현실태**(現實態)라는 개념으로 설명했다. 무슨 말인가 하면, 아리스토텔레스는 **목재라는 질료 속에는 집이나 의자가 될 가능성이 잠재적으로 내포**되어 있다고 생각했다. 그리고 의자의 가능태(가능한 상태)인 목재에 형상이 주어짐으로써 목재는 의자라는 현실태(현실의 상태)로 변화하는 것이다.

가능한 상태에서 현실의 상태로 변화

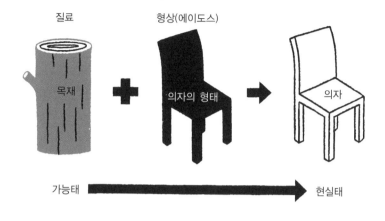

생명의 구조를 적용시키면 더 이해하기 쉬울 것이다. 예를 들어, 장미 씨앗(질료)에는 장미꽃의 형상이 잠재적으로 내재되어 있어(가능태) 그것이 이윽고 발현하면 장미꽃이라는 현실의 상태가 된다. 이와 같이 아리스토텔레스는 사물의 변화나 운동을 잠재되어 있는 형상의 실현(현실화)이라는 형태로 설명했다.

사물에는 네 가지 원인이 있다

여기까지 설명한 형상이나 질료를 아리스토텔레스는 사물의 원인으로 파악했다.

즉, '목재(질료)+의자의 형상 → 현실의 의자'이므로 질료인 목재와 의자의 형상(모양과 기능)은 현실의 의자의 원인이라고 생각했던 것이다. 이것을 각각 **질료인, 형상인**이라고 했다. 하지만 왜 의자가 있느

4원인설

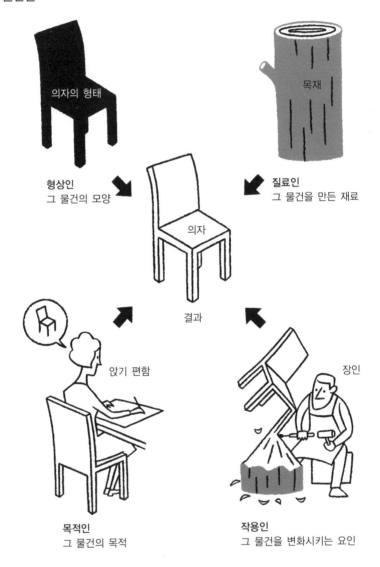

형상인
그 물건의 모양

질료인
그 물건을 만든 재료

의자의 형태

목재

의자

결과

앉기 편함

장인

목적인
그 물건의 목적

작용인
그 물건을 변화시키는 요인

냐고 묻는다면, 우리의 상식적인 감각으로는 "그거야 누군가가 앉기 위해 장인이 목재로 의자를 만들었기 때문이죠."라고 대답하고 싶지 않을까?

아리스토텔레스도 이러한 요인을 잊지 않았다. 그는 사물에는 형상인(形相因), 질료인(質料因) 이외에 작용인(作用因), 목적인(目的因)이라는 **네 가지 원인**이 있다고 설명한다. **작용인**이란 사물에 작용을 미치는 원인이며, 장인이 목재를 사용하여 의자를 만드는 것에 해당한다. 그리고 **목적인**은 의자의 목적이며, 누군가가 거기에 앉아 편안하게 보내기 위한 것이다. 하지만 형상인과 목적인, 작용인은 전혀 별개가 아니라 서로 겹치는 관계에 있다고 아리스토텔레스는 말한다. 인공물을 포함한 **모두 사물은 모두 형상의 실현이라는 목표를 향해 생성 변화**하기 때문이다. 이것을 다른 말로 표현하자면, 모든 사물은 고차의 목적에 따라 이동된다(변화된다)는 것이다.

그렇다면 이 목적의 최고위에는 무엇이 있을까? 최고위의 목적은 그 이상의 목적이 없기 때문에 뭔가에 흔들리는 일은 없다. 아리스토텔레스는 이 최고위의 목적이 되는 존재를 '부동의 동자'라고 했다. 즉 신을 가리킨 것이다. 부동의 동자인 신은 스스로 움직이지 않고 우주를 움직인다. 예를 들어, 천상의 세계를 움직이는 것은 신이다. 신은 그 이상의 뭔가를 변화할 필요가 없기 때문에 질료를 갖지 않는다. 그래서 신은 '**순수 형상**'이기도 하다.

이와 같이, 우주와 자연을 수단–목적의 연쇄로 보는 견해를 '목적론적 자연관'이라고 한다. 그리고 이 목적론적 자연관은 아리스토텔레스 이후 근대적인 기계론적 자연관이 등장할 때까지 유럽 사고의 기본적인 틀이 되었다.

사람은 중용의 습관으로 똑똑해진다

여기서부터는 《니코마코스 윤리학》과 《정치학》을 참조하면서 아리스토텔레스의 윤리학과 정치학을 빠른 속도로 살펴보겠다.

정리하고 분류하기를 좋아했던 아리스토텔레스답게 그는 윤리에 대해서도 **지성적 덕과 윤리(습성)적 덕**으로 나누어 세밀하게 고찰해 간다. 지성적 덕이란 쉽게 말하면 학습이나 교육을 통해 익힐 수 있는 인식 능력과 판단력이며, 윤리적 덕이란 습관에 의해 몸에 익힐 수 있는 실질적인 덕을 가리킨다.

실천이나 경험을 통해 익힌 윤리적 덕에서는 중용을 습관화하는 것이 중요하다고 아리스토텔레스는 말한다. 여기서 말하는 중용이란 과도와 부족의 양 극단을 멀리하려는 판단을 말한다. 아리스토텔레스는 중용의 예로 다음과 같은 표를 들었다.

초과	중용	부족
무모	용기	겁쟁이
방종	절제	둔감
낭비	대범	인색
오만	자존심	비굴
익살꾼	재치	촌스러움

예를 들어, 용기라는 윤리적 덕에 대해 생각해보자. 용기라는 덕은 극단으로 달리면 앞뒤를 돌아보지 않고 무모하게 굴 수 있고 지나치게 부족하면 겁쟁이가 되어 버린다.

그러나 용기라는 덕을 익히는 데 머리로 '중용으로서의 용기'를 이해하는 것만으로는 불충분하고, 일상생활 가운데서 용기를 발휘하는 경험을 습관화해야 한다. 이처럼 오직 선의 이데아를 인식하는 것이 중요하다고 생각한 플라톤에 비해 아리스토텔레스 윤리학은 실천과 습관을 중시하는 특징이 있다.

공화제야말로 지속 가능하다

앞에서 언급한 것처럼 아리스토텔레스가 살았던 시대는 폴리스(고대 그리스의 도시국가)의 쇠퇴와 궤를 같이한다. 그래도 아리스토텔레스는 《정치학》 첫머리에서 '인간은 본성상 폴리스적 동물'이라고 했다.

이 인간의 정의는 매우 중요하다. 아리스토텔레스는 인간이 폴리스 같은 공동체 속에서 사는 것이 자연스럽다고 생각했던 것이다.

그렇다면 이상적인 폴리스의 정치체제란 어떤 것일까? 아리스토텔레스는 정치에 관여하는 사람이 한 명인가, 소수인가, 다수인가에 따라 정치체제를 **왕제·귀족제·공화제** 세 가지로 분류한다. 그리고 이들이 타락하면 각각 **참주제**[11]**·과두제**[12]**·민주(중우)제**가 된다고 말한다.

플라톤의 경우 이상적인 정치체제는 철학자에 의한 독재적인 철인정치였으나, 아리스토텔레스는 **공화제가 가장 안정적인 정치 형태**라고 생각했다. 적당히 교양과 재산을 가진 시민이 정치에 참여하고 제각기 이성적으로 공공의 문제를 판단한다. 이것도 중용을 중시한 아

---

11 고대 그리스의 폴리스에서 비합법적으로 독재권을 확립한 지배자가 통치하는 정치체제.
12 소수의 사람이나 집단이 사회의 권력을 독점하고 행사하는 정치체제.

리스토텔레스다운 생각이다.

'적당한 교양과 재산을 갖고 있으면 사람들은 이성적으로 정치 판단을 내릴 수 있다'는 아리스토텔레스의 공화주의관은 기능 상실이 현저한 현대 민주주의에 있어서 무시할 수 없는 시사점을 내포한 것이 아닐까?

정답과 해설

아리스토텔레스가 이데아를 비판한 포인트는 사물의 본질적 특성인 형상이 천상계(이데아계)에 있는 것이 아니라 개별 사물에 내재되어 있다는 것이다. 따라서 정답은 ❶이다. 참고로 ❷는 플라톤, ❸은 키르케고르, ❹는 소크라테스의 사상이다.

1-5 '자연에 순응하여 살라'는 건 무슨 의미인가?

헬레니즘 시대의 사상

이 절의 주제는 스토아학파를 비롯한 헬레니즘[13] 시대의 사상이다. 여기까지 소개해온 소크라테스와 플라톤, 아리스토텔레스와 비교하면 헬레니즘 사상은 그리 중요하지 않은 인상을 줄 수도 있다. 그러나 이 시기의 사상은 우리가 상상하는 이상으로 특별한 의미가 있다.

우선 아래에 인용한 문제를 살펴보자. 스토아학파도 '자연에 순응하여 살라'는 글자만을 보고 무위자연[14]과 같은 이미지를 떠올린다면 그 본질을 놓쳐 버릴 수 있다.

문제 5 스토아학파 사람들이 주장한 '자연에 순응하여 살라'는 것은 무엇을 의미하는가? 가장 적합한 것을 다음의 ❶~❹ 중에서 고르시오.

❶ 문명화된 도시에서는 이성적인 판단을 어지럽히는 것이 많기 때문에 자연 속에서 영혼의 평온을 구하며 살라는 의미다.

❷ 감정에 좌우되기 쉬운 인간의 이성을 떠나 자연의 이치에 따름으로써 마음의 평안을 얻으며 살라는 의미다.

❸ 인간의 이성을 제대로 작동시켜 자연의 법칙에 일치시킴으로써, 마음을 어지럽히지 말고 살라는 의미다.

❹ 인간의 이성을 의지하고 노력할 것이 아니라 자연이 주는 것으로 만족하는 삶을 살라는 의미다.

(2010년 센터 본시험 제2문 · 문제 3)

현대에도 통하는 헬레니즘 사상

스토아학파라고 하면 금욕주의자를 의미하는 'stoic'의 어원이 된 것으로 알려져 있다. 그런데 원래는 기원전 330년경부터 로마에 의한 이집트 합병이 이루어진 기원전 30년까지의 헬레니즘 시대에 개화(開化)[15]한 일련의 사상이었다.

아리스토텔레스가 죽은 기원전 322년은 이미 알렉산드로스 대왕이 동방원정을 감행하여 거대한 세계 제국을 건설한 시대에 해당한다. 헬레니즘이란 '그리스풍의 것'이라는 의미이지만, 이 시대에는 많은 그리스인이 동쪽으로 이동했기 때문에 그리스 문화와 오리엔트 문화가 뒤섞이기 시작했다. 평면기하학[16]을 집대성한 유클리드(BC 330년경~BC 260년경)나 부력[17]의 원리를 발견한 아르키메데스(BC 287년경~BC 212년경)도 헬레니즘 시대에 활약했다.

그럼 헬레니즘 시대의 사상은 어떤 것이었을까? 그 특징은 개인의 내면적인 행복을 추구한 점에 있다. 소크라테스, 플라톤, 아리스토텔레스에게 있어 잘 사는 것이란 폴리스라는 공동체의 정의와 질서를 생각하는 것과 불가분의 관계에 있었다. 요컨대 **윤리와 정치는 일체**였던 것이다.

그러나 헬레니즘 시대에는 세계화한 세계 제국의 시대였다. 거기에는 현대처럼 개인주의가 진행되었기 때문에 철학이나 사상도 전적으로 개인의 내면적인 행복을 고찰하는 데 역점을 두게 되었다.

서양 정치 사상사 연구자인 오노 노리아키(小野紀明) 씨는 헬레니즘 시대와 현대와의 유사성을 다음과 같이 지적했다.

> 그런데 헬레니즘 시대의 정신사적 상황은 현대의 그것과 유사한 면이 있다. 인간 이성의 오만과 과학적 지식에 대한 확고한 자신감, 전통적인 공동체의 해체와 인간관계의 소원화, 한편으로 그것과 정반대로 진행되는 세계화가 그렇다. 현대인도 쓸데없이 과학적 이성만을 신장시키는 데 급급해 바로 옆에 있는 구체적인 '타자'와의 관계를 배려하는

---

13 도시 국가(polis)가 붕괴되고, 제국의 출현과 정복 전쟁 등으로 인해서 시민이 아닌 제국의 신민(臣民)으로서의 삶을 살게 됨. 공동체에 영향력을 행사할 수 없고 일체감을 느낄 수 없게 됨.

14 사람의 힘이 더해지지 않고, 자연 그대로의 질서를 따르는 삶의 자세 때문에 인위적이고 도덕적인 가치나 규범을 거부하는 자연스러운 삶을 강조.

15 사람의 지혜가 열려 새로운 사상, 문물, 제도 따위를 가지게 됨.

16 평면 도형 성질에 대하여 연구하는 학문.

17 기체나 액체 속에 있는 물체가 그 물체에 작용하는 압력에 반하여 위로 뜨려는 힘.

'섬세한 정신(esprit de finesse)'을 상실한 채 마른 대지
를 방황하고 있다고도 말할 수 있기 때문이다.

−오노 노리아키 《서양정치 사상사 강의 − 정신사적 고찰》,
이와나미문고, 79쪽

확실히 헬레니즘의 여러 사상은 어딘가 현대의 자기계발과 통하는
점이 많다. 이러한 현대와의 공통성을 의식하면 철학사 속에서는 조
연이 되기 쉬운 헬레니즘 시대의 사상도 친근하게 느껴질 수도 있다.

이 절에서는

① 스토아학파의 전신인 키니코스학파

② 스토아학파

③ 에피쿠로스학파

④ 회의주의

네 가지로 나누어 헬레니즘 시대의 사상을 살펴보고자 한다.

① 키니코스학파 − 허식을 싫어했으나 때로 냉소적이었다

우선 **키니코스학파**(견유학파)에 대해 알아보자.

키니코스학파는 영어로는 cynic(시니크)로 번역한다. 그 형용사형
'cynical(시니컬)'에서 연상되는 것처럼 현실에 대해 매우 냉소적이었
던 키니코스학파는 자족의 생활을 하며 개와 같이 자유로운 생활을
이상으로 삼았기 때문에 견유학파(犬儒學派)라 불리기도 했다.

키니코스학파에서 가장 유명한 철학자는 **디오게네스**(BC 400년경
~BC 325년경)다. 디오게네스는 누더기 같은 망토를 두 겹으로 접어
몸을 감싸고 낡은 천으로 만든 자루에 식량을 넣어 어깨에 메고 다녔

다. 날씨가 좋으면 그는 길거리에서 잠을 자고, 궂은 날이면 술통을 집 삼아 사는 등 말 그대로 개처럼 살았다.

디오게네스는 독특한 에피소드가 많이 전해진다. 어느 날 알렉산드로스 대왕이 통 속에 사는 디오게네스 앞에 서서 자신이 알렉산드로스 대왕이라고 하자, "나는 개 디오게네스입니다" 하고 응했다. 또한 알렉산드로스 대왕이 "그대가 원하는 것이 무엇이오?"라고 물었을 때, 디오게네스는 "지금 당신이 거기 서서 따뜻한 햇볕을 가리고 있으니 좀 비켜 주시겠소?"라고 대답했다.

허식을 싫어하고 이성을 이용하여 오로지 덕을 실천한 디오게네스에게 출신을 물었을 때 그는 '코스모폴리탄'[18]이라고 대답했다. 이러한 키니코스학파의 가르침은 다음에 설명하는 스토아학파에 큰 영향을 주었다.

② 스토아학파 – 자연에 순응하여 살라

스토아학파는 키니코스학파의 문하생이었던 제논(BC 335년~BC 263년)이 창시했다. 스토아는 기둥이라는 의미로, 기둥이 있는 건물에서 학문을 논했다 해서 나중에 스토아학파라고 불리게 되었다.

키니코스학파를 원류로 하는 스토아학파는 학문을 논리학, 자연학, 윤리학과 구분한 것으로 알려져 있다. 이 가운데 스토아학파가 가장 중시하는 것이 윤리학[19]이다.

스토아학파에게 있어 행복이란 자연에 순응하여 사는 것이다. 그

---

18 세계를 내 집같이 여기는 자.
19 사람과 사람 사이에서 지켜야 할 도리에 대해 연구하는 학문.

럼 자연에 순응한다는 것은 어떤 삶을 말하는 것일까?

스토아학파는 우주에 질서가 있는 것은 그 안에 **로고스**(이성)가 있기 때문이라고 생각했다. 우주의 일부인 인간이 로고스에 충실한 생활을 할 때, 그것이 바로 자연에 순응하는 삶인 셈이다. 그리고 로고스에 충실한 삶이란 욕망과 쾌락 등 마음을 어지럽히는 외부 잡음에 정념(파토스, Pathos)[20]이 동요하지 않고 마음의 평안을 추구하는 것을 말한다. 스토아학파는 이처럼 마음이 평안한 상태를 '**아파테이아**'라고 불렀다. 아파테이아는 파토스가 없음을 의미한다.

거기다 만물에도 로고스가 깃들어 있기 때문에 모든 인간에게도 로고스가 고루 미쳤을 것이다. 여기에서 인류는 평등이라는 '**세계시민주의**'(코즈모폴리터니즘, Cosmopolitanism) 사상을 갖게 되었다. 여기에도 키니코스학파의 영향이 강하게 느껴진다.

스토아학파의 세계시민주의에는 시대적인 배경도 있었을 것이다. 스토아학파는 오랫동안 계속되었고, 로마 시대에 와서도 키케로(BC 106년~BC 43년), 세네카(BC 4년경~65년), 에픽테토스(55년경~135년경), 로마 황제 마르쿠스 아우렐리우스(121년~180년) 등에게 계승되었다.

마르쿠스 아우렐리우스는 유명한 《명상록》에서 다음과 같이 기록하고 있다.

> 만약 지혜가 우리에게 공통된 것이라면 우리를 이성적 동물로 여기는 그 이성도 역시 공통된 것이다. 그렇다면 우리가 해야 할 일과 해서는 안 될 일을 명령하는 이성도 공통적이다. 그렇다면 법률 또한 공통적이다. 그렇다면 우리는 같은 시민이다. 그렇다면 우리는 함께 어떤 공통의 정권에

속해 있다. 그렇다면 우주는 국가와 같은 것이다.

－《명상록》, 가미야 미에코 옮김, 이와나미문고, 51쪽

이러한 **인류 보편의 평등사상**은 로마 만민법[21]이나 기독교의 이웃 사랑이 정착할 수 있는 토양이 되었을 뿐 아니라, 현대 인권 사상에도 영향을 미쳤다.

③ 에피쿠로스학파 – 숨어 살라

이 스토아학파와 대치되는 것이 **에피쿠로스**(BC 341년경~BC 270년경)를 시조로 하는 에피쿠로스학파다.

에피쿠로스학파와 스토아학파는 행복 추구를 삶의 목표로 했다는 점에서 공통점이 있고, 이를 위해 마음의 평안이 필요하다고 생각한 점도 같았다. 따라서 '**쾌락주의**' 에피쿠로스학파와 '**금욕주의**' 스토아학파는 우리가 떠올릴 만한 대립되는 사상이 없다.

분명히 에피쿠로스학파는 쾌락을 추구했다. 그러나 여기서 말하는 쾌락이란 식도락이나 성적 향락에 몸을 맡기는 것이 아니라 **마음과 육체에 고통이 없다는 것**을 의미한다. 이를 기록한 에피쿠로스의 말을 살펴보자.

그러므로 쾌(快)가 목적이라고 우리가 말할 때, 우리가 의미하는 쾌는 일부 사람들이 우리의 주장에 무지하거나 동참

---

20 감정에 따라 일어나는, 억누르기 어려운 생각.
21 고대 도시국가 로마가 세계적인 대제국으로 발전하는 과정에서 로마 시민과 외국인에게 똑같이 적용된 법.

하지 않거나 또는 오해로 인한 생각과는 다르다. 난봉꾼의 쾌도 아니고, 성적 향락 속에 존재하는 쾌도 아니며, 실로 육체에 고통이 없고 영혼에 방해되지 않는 평온이다.

－《에피쿠로스 – 교설과 편지》, 이데 다카시·
이와사키 치카츠구 옮김, 이와나미문고, 72쪽

에피쿠로스학파가 추구한 신체에 고통이 없고 영혼에 동요가 없는 평온의 경지를 '아타락시아(ataraxia)'라고 한다. 아타락시아를 얻기 위해서는 이해득실이나 야망이 소용돌이치는 정치나 공공적인 만남은 피해야 한다. 이를 보여주는 것이 에피쿠로스학파의 모토인 **'숨어 살라'**이다.

에피쿠로스학파의 자연관은 데모크리토스의 원자론을 계승했다. 그 중에서도 특히 유명한 것은 죽음을 두려워하지 말라는 가르침이다. 에피쿠로스는 인간의 죽음은 원자들의 이산[22]일 따름이라고 생각했다. 살아 있는 동안은 죽지 않은 것이고 죽으면 더 이상 살아 있지 않은 것이기 때문에 죽어 있는 존재는 죽음을 느낄 수 없다. 그러니까 죽음을 두려워할 필요가 없다는 것이다.

이렇게 보면 에피쿠로스학파가 말하는 '쾌락주의'는 오히려 무통(無痛, aponia)주의로 파악하는 쪽이 이해하기 쉬울 수도 있다.

④ 회의[23]주의 – 자신의 오감조차 믿지 말라

고등학교 윤리 교과서에서는 거의 다루지 않지만, 헬레니즘 시대에는 **피론**(BC 360년경~BC 270년경)이 주창한 **회의주의**도 인기를 얻었다.

회의주의는 모든 사물이나 감각을 의심한다. 아무리 이성을 동원한다고 해도, 이성도 습관에 얽매이기 때문에 인간은 사물의 있는 그대로의 모습을 인식할 수 없다. 본래는 사물의 본질을 모르는데 그것을 안다고 생각하기 때문에 마음의 평온(아타락시아, ataraxia)을 어지럽힌다고 피론은 생각했다.

따라서 마음의 평온을 얻기 위해서는 어떠한 고정관념도 갖지 않도록 오로지 의심하는 것이 중요하다고 말한다. 즉, 모든 사물에 대한 판단을 삼간다. 이를 '에포케(epoche, 판단 중지)'라고 한다.

피론의 철저한 회의주의를 보여주는 일화는 《그리스 철학자 열전(하)》에서 볼 수 있다. 그는 오감조차 믿지 않았기 때문에 마차이건 절벽이건 개건 조심하지 않았을뿐더러 피하려고도 하지 않았다. 그래도 사고를 당하지 않았던 것은 곁에 있던 친구가 지켜준 덕분이었다. 또한 스승이 늪에 빠졌을 때도 구해주지 않고 그대로 지나갔다고 한다.

이상 헬레니즘 시대를 대표하는 네 가지 사조를 살펴보았다. 접근하는 방식은 달라도 모두 **내면적인 행복과 마음의 평화를 추구하는 점에서는 공통적**이라는 것을 알 수 있었을 것이다. 그리고 이들 네 사람 모두 현대의 우리에게서 흔히 볼 수 있는 생활신조가 아닐까? 서두에도 언급했듯이 현대와 헬레니즘은 비슷한 면이 많다.

정답과 해설

스토아학파의 '자연에 순응하여 살라'는 것은 로고스(이성)에 충실한 삶을 말한다. 선택지 중에서 이 점을 제대로 말한 것은 ❸밖에 없다.

---

22 헤어져 흩어짐.
23 마음속에 품고 있는 의심.

1-6 신앙과 이성을 어떻게 조화시킬 것인가?

아우구스티누스와 토마스 아퀴나스

윤리 센터시험에는 철학자와 사상가의 원문을 해석하는 문제가 종종 출제된다. 다음에 소개하는 문제도 아우구스티누스의 유명한 저작 《고백록》의 한 구절을 인용해 아우구스티누스의 사상을 바탕으로 해석할 것을 요구한 것이다.

문제 6 다음 문장은 아우구스티누스가 어머니의 죽음이라는 개인적인 경험을 통해 불쌍히 여기는 마음에 대해 기술한 것이다. 아우구스티누스의 사상에 입각해서 이 문장의 설명으로 가장 적절한 것 하나를 ❶~❹ 중에서 고르시오.

나는 (어머니가 죽자 슬픔의 물결이 세차게 복받쳤지만, 눈물을 통해 평온을 얻음으로써 마음의 상처도 완전히 치유되어) 그때까지와는 전혀 다른 눈물을 흘렸습니다. 그것은 (어머니도 포함해서)

아담에 의한 모든 죽은 영혼의 죄를 생각하고는 영혼 깊은 곳에서 솟아나오는 눈물이었습니다. … 주여, 용서해 주소서. 주의 자비가 심판을 이겨 어머니가 심판을 받지 않도록 하소서. 주의 말은 오로지 진실뿐입니다. 당신은 자비로운 자들에게 자비를 약속했습니다. 사람들이 자비로운 것은 당신이 그들에게 자비를 베풀었기 때문입니다.

-《고백록》에서

❶ 여기서 그는 어머니의 죽음을 통해 신이 하는 말을 사람들에게 전하기 위해 일부 나쁜 사람들은 태어날 때부터 죄가 있다고 경고하는 한편, 죄에 대한 용서와 새로운 약속을 가르침으로써 희망과 용기를 주려고 했다.

❷ 여기서 그는 어머니의 죽음 자체보다 원죄로 인해 어머니가 지은 죄를 신이 심판하실 것을 깊이 슬퍼하는 한편, 이 같은 신의 심판이 '자비에는 자비를, 죄에는 벌을'이라는 보복주의에 근거한 것이라고 주장한다.

❸ 여기서 그는 어머니의 죽음 자체보다 오히려 원죄 때문에 어머니가 지은 죄도 속죄 받을 수 없음을 슬퍼하는 한편, 그러한 죄조차도 신이 불쌍히 여기는 신의 은총을 통해서만 심판을 면할 수 있다고 믿었다.

❹ 여기서 그는 어머니의 죽음을 슬퍼하고 어머니가 지은 죄를 한탄하는 한편, 그런 죄에 대한 심판을 능가하는 자비로운 신의 은총 덕분에 다른 사람들도 또한 어머니에게 자비를 베풀고 사람들이 어머니 영혼의 죄를 용서하게 될 것임을 시사했다.

(2013년 센터 본시험 제2문·문제 5)

신(新)플라톤주의와의 만남

이 절에서는 전반부에서 초기 기독교회의 최대 교부인 아우구스티누스를 살펴보고, 후반부에서 다른 문제를 인용한 후 중세 신학의 완성자로 주목받는 토마스 아퀴나스의 사상을 살펴보고자 한다. 신앙과 이성, 인간의 자유 의지에 대해 아우구스티누스와 토마스 아퀴나스가 어떻게 생각했는지 검토해보면 중세철학이 무엇을 문제 삼았는지 잘 이해할 수 있을 것이다.

아우렐리우스 아우구스티누스(354년~430년)가 살았던 4세기 후반에서 5세기 전반은 고대 로마제국 말기로 게르만 민족이 대규모로 이동하는 가운데 제국의 질서가 붕괴해가는 시대였다.

기독교의 역사로 보면 아우구스티누스가 태어나기 약 40년 전인 313년 로마제국이 기독교를 공인했고, 그가 30대 때 기독교는 로마제국의 국교가 된다.

기독교의 보급과 함께 무엇을 기독교의 정통 교리로 인정할 것인가 하는 신학상의 논쟁이 일면서 다양한 종파가 대립하며 항쟁을 벌이게 되었다. 그런 가운데 기독교의 정통 교리 확립에 힘쓴 고대 기독교 지도자와 저작자들을 '교부'라고 한다.

아우구스티누스는 초대 기독교 교회가 낳은 위대한 교부(敎父)였다. 청년시절 한때 방종한 생활을 하며 이교도[24]인 마니교에 심취하기도 했으나 신(新)플라톤주의를 배운 후 기독교로 회심한다. **신플라톤주의**는 동방의 신비주의[25]적인 사상과 융합하여 해석한 플라톤주의적인 사상이다. 자세한 설명은 생략하겠지만, 신플라톤주의에서는 선의 이데아를 '일자(一者)'라는 신으로 인식하고 거기서 만물이 유출한다고 생각했다. 기독교 신학은 신플라톤주의를 흡수하고 **'일자'를**

전지전능한 신으로 해석해나갔다.

할 수 있는 것은 무조건 신을 사랑하는 것뿐이다

아우구스티누스가 큰 관심을 가진 것은 **악과 자유 의지에 대한 문제**였다. 인간 세계에는 다양한 악이 만연해 있다. 그렇다면 신은 악을 창조한 게 아닐까? 이러한 물음에 대해 아우구스티누스는 신이 선한 존재인 이상, 악을 만들어낼 리가 없다고 대답한다.

그렇다면 왜 도둑질 같은 나쁜 행위가 존재하는 걸까? 아우구스티누스는 악의 원인을 인간의 자유 의지에서 찾았다.

신은 인간에게 자유 의지를 부여했지만, 인류의 조상인 아담은 신의 명령을 어기고 선악과를 따먹어서 그 후손인 인간은 태어날 때부터 악을 범하기 쉬운 경향이 있다고 아우구스티누스는 말한다. 즉, 인간은 자유 의지를 갖고 있지만 방치하면 죄를 짓는 성향을 지녔다는 것이다. 따라서 아우구스티누스는 자신의 노력으로 자신을 구제할 수 있다는 생각을 인정하지 않는다. 그것은 인간의 약점을 직시하지 않는 오만이기 때문이다.

원죄로 인해 악을 범하기 쉬운 인간의 의지가 선으로 향하기 위해서는 '**신의 은총**'(신의 보상 없는 사랑) 이외에는 길이 없다. 그렇다고 신의 은총을 기대하고 신을 믿는 것은 진정한 믿음이라고는 할 수 없다. 선에 다가가기 위해 인간이 할 수 있는 것은 **무조건 신을 사랑하는 것뿐**이라고 아우구스티누스는 생각했다.

---

24 기독교 이외의 종교를 받들고 믿는 사람. 또는 그런 무리.

25 신(神)이나 절대자 등 궁극적 실재와의 직접적이고 내면적인 일치의 체험을 중시하는 철학 또는 종교 사상.

구제는 교회를 통해서 해야 한다

아우구스티누스는 저서 《신의 나라》에서 신의 사랑에 기초한 '신의 나라'와 교만한 인간의 자기애에 의거한 '땅의 나라'라는 두 질서에 대해 논했다.

> 이렇게 하여 두 가지 사랑이 두 나라를 만들었다. 즉, 이 세
> 상 나라를 만든 것은 신을 멸시하기까지 한 자기애이고, 하
> 늘나라를 만든 것은 자기를 멸시하기까지 한 신의 사랑이다.
>
> ─《신의 나라(3)》, 핫토리 에이지로 옮김, 이와나미문고, 362쪽

《신의 나라》에서는 세계사가 신의 나라와 땅의 나라와의 싸움으로 설명되어 있고, 역사의 종말에는 신의 나라가 승리한다는 종말론이 쓰여 있다. 역사는 최종적인 목적을 향해 일직선으로 진행한다. 이러한 역사관에서 《신의 나라》를 역사 철학[26]의 선구로 평가하는 사람도 있다.

아우구스티누스는 현세에는 신의 나라와 땅의 나라가 명확히 구분되는 것이 아니라 양자가 섞인다고 말한다. 세속적인 권력자 중에도 신을 사랑하는 사람이 있고, 교회 속에도 자기애나 지배욕으로 똘똘 뭉친 인간이 있다. 그러므로 신의 나라도 땅의 나라도 눈에 보이는 형태로 명확하게 나타나지는 않는다는 것이다.

하지만 그래도 아우구스티누스에게 교회는 지상에서 하늘에 있는 신의 나라와의 접점을 갖는 특별한 장소였다. 교회는 지상에서 유일

---

26 역사의 성과와 발전을 어떻게 인식하고 서술할 것인지를 연구하는 철학.

하게 신의 대리를 담당하는 곳이다.

이러한 '신의 나라/땅의 나라'라는 이분법은 플라톤의 '이데아계/현상계'라는 이원론적 세계관이라고도 할 수 있다. 아우구스티누스는 욕심으로 가득 찬 현 세상에는 구제할 길이 없다고 말한다. 최후의 심판에서 분명해지는 신의 나라에서만 신의 나라 백성이 구원을 받는다는 것이다.

아리스토텔레스를 어떻게 수용할 것인가

그런데 아우구스티누스가 죽은 후 약 800년이 지나 유럽 중세도 끝날 무렵에 등장한 사람이 토마스 아퀴나스(1225년경~1274년)다. 우선 아우구스티누스와 비교에 입각하여 토마스 아퀴나스 사상의 포인트를 살펴보고자 한다.

먼저 센터시험 문제를 인용해 보겠다.

문제 7 신앙과 이성에 대한 토마스 아퀴나스 사상의 설명으로 가장 적합한 것을 다음의 ❶~❹ 중에서 고르시오.

❶ 신앙과 이성은 동등한 가치를 가지나, 신앙으로 얻은 진리와 이성으로 얻은 진리는 다르다고 생각하고, 양자를 분리하는 이중 진리설을 주장했다.

❷ 신이 계시한 진리는 신앙으로 받아들여질 수 있는 것이며, 이 진리의 이해에는 이성이 필요하기 때문에 신앙과 이성이 조화를 이뤄야 한다고 역설했다.

❸ 구제를 위해 가장 중요한 것은 사랑이지만, 신앙과 이성은 동일

한 사랑의 역할을 한다고 생각하고, 신앙·이성·사랑, 세 가지 덕을 갖고 살 것을 권했다.

❹ 인간의 본성인 이성과 만물에 깃든 이성은 동일하기 때문에 자연에 순응함으로써 그 창조주인 신을 믿는 믿음에 눈뜨기를 권했다.

(2017년 센터 추가시험 제3문·문제 2)

아우구스티누스로 상징되는 것처럼, 기독교 신학은 오랫동안 플라톤 철학을 바탕으로 해서 이론의 체계화를 꾀했다. 동시에 교회 밖에서는 구원을 찾을 수 없다는 원리를 확립해 세속 권력에 대한 교회의 우위를 주장한 로마 가톨릭교회의 교리는 서로마제국 멸망 후 중세 세계의 지배 원리가 되었다.

12세기가 되자 중세 기독교 신학에 큰 변화가 찾아왔다. 6세기에 동로마제국 황제 유스티니아누스가 이교 금지령을 발표함으로써, 철학 연구자들은 추방이라는 쓰라린 아픔을 겪으며 아라비아²⁷의 땅으로 피했다. 이때 아리스토텔레스의 문헌도 일부를 제외하고 대부분 유출되었다. 그 때문에 아리스토텔레스의 유산은 이슬람권에서 계승되어 나갔다.

그런데 11세기 말에 십자군 운동이 일어나자 이슬람권과의 교류가 활발해지면서 아리스토텔레스의 문헌이 이슬람권에서 유럽 세계에 역수입되었다. 여기서 기독교 신학은 **아리스토텔레스 철학을 어떻게 수용할 것인가** 하는 과제에 직면한다. 왜냐하면 이슬람권에서 전해진 아리스토텔레스 철학은 기독교의 교리와 충돌하는 내용이 포함되어 있었기 때문이다.

예를 들어, 당시의 신학자를 고민하게 만드는 문제에 **'세계 영원설'**이라는 것이 있다. 세계 영원설이란 이 세계는 시작도 끝도 없이 영원히 존재한다는 이론이다. 이것은 신에 의한 세상 창조나 종말론 교리와 상충한다. 이처럼 기독교 교리의 난제가 던져진 아리스토텔레스 철학을 토마스 아퀴나스는 어떻게 수용했을까?

신앙과 이성은 협력한다

아리스토텔레스 철학의 수용이란 다른 말로 하면 신앙과 이성의 관계를 어떻게 생각했느냐는 것이다. 예를 들어 세계 영원설에 대해 토마스는 《신학대전》에서 신에 의한 세계 창조, 즉 이 세상의 시작이 있다는 것을 믿어야 하지만 이성적으로는 논증할 수 없다고 말한다.

이렇게 쓰면 이성에 대한 신앙의 우위를 말한 것처럼 보이지만, 그렇게 간단한 이야기가 아니다.

여기서 자유 의지에 대한 토마스 아퀴나스의 논의를 살펴보기로 하자. 아우구스티누스라면 인간의 자유 의지란 어차피 불완전한 의지이며, 선천적으로 악을 범하기 쉬운 경향이 있다고 말할 것이다. 인간이 선으로 향하는 데 신의 은총 외에는 방법이 없다고 말이다.

이에 반해 토마스는 **신의 은총과 자유 의지는 대립이 아닌 협력의 관계에 있음**을 보여준다. 신의 은총이 있다면 인간은 자유 의지로 선을 이룰 수 있다는 것이다.

이 은총과 자유 의지와의 협력적 관계는 신앙과 이성의 관계에도 그대로 적용된다. 토마스는 신앙과 이성은 대립하는 것이 아니라고 생각

---

27 아시아 서남부 페르시아만, 인도양, 아덴만, 홍해에 둘러싸여 있는 지역.

했다. 물론 세계 영원설처럼 이성으로는 논증할 수 없는 것도 있다. 그러나 신의 계시나 신비가 제시되면 새로운 물음을 향해 이성의 가능성이 열린다. 토마스는 이러한 신앙과 자연의 관계를 '**은총은 자연을 완성시킨다**'고 말했다.

중세철학의 연구자인 야마모토 요시히사(山本芳久) 씨는 토마스 아퀴나스의 사상을 다음과 같이 평가한다.

> 철학사에서 토마스 아퀴나스는 신앙과 이성을 조화시킨 인물로 소개되는 경우가 많다. 하지만 그 조화를 정적인 이미지로 받아들이면 아주 중요한 것을 놓치게 된다. …… 신앙생활 가운데서 만날 수 있는 신의 신비는 인간 이성에 무한한 자극을 주고 기존의 자기 모습을 뛰어넘어 끊임없이 탐구하게 하는 등 동적으로 움직이게 한다.
>
> ─야마모토 요시히사 《토마스 아퀴나스 ─ 이성과 신비》, 이와나미신서,
> 271~272쪽)

토마스 아퀴나스는 아리스토텔레스를 철저히 연구하고 인간 이성의 가능성을 끝까지 따져 밝혔다. 그가 이성을 사용하여 자연의 질서를 탐구하는 일은 신의 신비와 대화하는 것과 같은 일이었다.

이렇게 보면 아우구스티누스와 토마스 아퀴나스의 관계는 플라톤과 아리스토텔레스의 관계와 유사하다. 플라톤-아우구스티누스라는 계보는 이원론적 세계관에 의거해 피안과 차안 사이에 커다란 단절을 마련하게 된다. 지상의 세계인 차안은 임시 세계이고, 천상이나 신의 나라인 피안이 바로 참된 세계다. 반면 아리스토텔레스의 목적론적 자연관은 이 세상의 모든 사물에는 존재하는 목적이 있음을 보인 것이었다. 그리고

신앙과 이성의 관계

아우구스티누스
인간이 할 수 있는 것은
단지 믿는 것뿐이다.

신의 은총

신의 사랑

토마스 아퀴나스
신의 은총에 의해 이성은
진리를 이해하려고 한다.

신의 은총

이성에 의한 탐구

아리스토텔레스를 배운 토마스가 신이 창조한 지상의 질서를 탐구하는 일이란 신의 신비를 경험하는 일이기도 했다. 따라서 피안과 차안은 단절된 것이 아니라 양쪽 다 신이 창조한 목적론적 질서 속에 있게 된다.

문제 6 설명에는 '아우구스티누스의 사상에 입각해서'라고 되어 있다. 여기까지 설명한 바와 같이 아우구스티누스는 인간 모두가 원죄를 짊어지고 있으며, 이 원죄는 오직 신의 은총을 통해서만 구원받을 수 있다고 주장했다.

이를 염두에 두고 제시문과 선택지를 검토하면 ❶의 '일부 나쁜 사람들은 태어날 때부터 죄가 있다'고 한 것은 옳지 않다. 제시문에도 '아담에 의한 모든 죽은 영혼의 죄'라고 되어 있다. ❷는 '신의 심판이 '자비에는 자비를, 죄에는 벌을'이라는 보복주의에 근거한 것'이라는 부분이 옳지 않다. 이 같은 내용이 제시문에는 전혀 언급되어 있지 않다. ❸의 '원죄 때문에 어머니가 지은 죄도 속죄 받을 수 없다는 것', '그러한 죄조차도 신이 불쌍히 여기는 신의 은총을 통해서만 심판을 면할 수 있다'는 것은 아우구스티누스의 사상과 일치한다. ❹의 '신의 은총 덕분에 다른 사람들도 또한 어머니에게 자비를 베풀고 사람들이 어머니 영혼의 죄를 용서하게 될 것'이라는 내용은 제시문에서 찾을 수 없다. 따라서 정답은 ❸이다.

문제 7 의 정답은 이 절 후반의 설명을 읽어보면 신앙과 이성의 조화를 기술한 ❷라는 것을 알 수 있다. 참고로 ❶의 이중 진리설이란 당시의 급진적인 아리스토텔레스 주의자가 취한 교리다. 그들은 철학상의 진리와 종교상 진리를 구별하고 둘 다 인정하는 입장을 취했다.

II

‘신’이 주역의 자리를
내주고 퇴장한다

근대철학의 본질

II장 관련 연표

연대	주요 사건	주요 철학자
14세기 ~16세기	르네상스	
1517 ~1534	루터의 종교개혁	
1588	스페인 무적함대, 영국에 패배	베이컨(1561~1626) 홉스(1588~1679) 데카르트(1596~1650)
1618 ~1648	30년 전쟁	스피노자(1632~1677) 로크(1632~1704)
1642	청교도 혁명	라이프니츠(1646~1716)
1648	베스트팔렌 조약	버클리(1685~1753)
1688	명예혁명	흄(1711~1776) 칸트(1724~1804)
1740	프리드리히 2세 즉위	
1760~	영국의 산업혁명	헤겔(1770~1831)
1789	프랑스 혁명	
1804	나폴레옹 황제 즉위	
1815	비엔나 협약 체결	

이 장부터는 드디어 근대철학에 들어간다. 이 시기 철학의 흐름을 한마디로 표현한다면 참된 지식의 근거가 신으로부터 인간에게로 이행하는 과정이라고 할 수 있다.

중세에서 근대로 이행하는 과도기에 르네상스와 종교개혁이라는 양대 사건이 유럽에서 발생했다.

르네상스는 '학문 또는 예술의 재생'을 뜻하는 프랑스어다. 일찍부터 자치도시가 발달하고 금융 산업이 번성했던 이탈리아에서는 14세기가 되자 교회 중심주의적인 세계관에서 벗어나 인간다움이나 개성 중시를 모티브로 하는 작품들이 속속 탄생했다. 이들의 본이 된 것이 고대 그리스·로마의 문예와 예술이었다.

그 절정기를 담당한 레오나르도 다 빈치와 라파엘로의 죽음과 거의 때를 같이하여 루터의 종교개혁[28]이 유럽을 석권했다. 16세기 초

---

28 교황의 면죄부(로마 가톨릭교회가 금전이나 재물을 바친 사람에게 그 죄를 면하게 해줌) 판매 등에 대해 루터는 95개조 반박문을 발표하며 면죄부와 교황을 비판하였다. 오직 성경의 권위와 오직 은혜(sola gratia)와 오직 믿음(sola fide)을 강조함으로써 부패한 교황 제도 중심의 교회와 교회의 제도를 새롭게 개혁시키고자 했던 운동.

의 일이다. 가톨릭교회의 부패를 비판하고, 개인이 성경과 마주하는 것을 신앙생활에서 가장 중요한 일로 생각한 종교개혁은 르네상스와 함께 **근대적인 개인의 자각을 높이는 원동력**이 되었다.

근대철학의 출발점에 있는 베이컨과 데카르트가 활약한 것은 가톨릭과 개신교의 대립이 깊어지면서 수렁의 30년 전쟁[29]으로 빠져드는 시대였다. 이 시대는 또한 유럽 국가들이 세계 각지로 대항해를 감행한 시기이며 코페르니쿠스, 케플러, 갈릴레이, 뉴턴 등에 의해 **자연과학이 급속하게 발전한 시기**이기도 했다(2-1 참조). 하지만 16~17세기에는 아직 **인간 이성의 배후에 신의 이성이 대기하고 있었다.** 그런 점에서는 사상적으로 대조적인 것처럼 보이는 데카르트와 로크도 다르지 않다. 스피노자와 라이프니츠의 철학 역시 신이 큰 역할을 한다(2-2~2-4 참조). 과학의 방면을 봐도 뉴턴은 신학 연구에 푹 빠져 있었고, 연금술[30]을 진심으로 믿는 신비학자의 측면도 있었다.

그런데 18세기가 되자 신이 지식 탐구의 배후에서 사라진다. 과학사 대가인 무라카미 요이치로(村上陽一郎) 씨는 이 시대를 '신의 진리를 떠난 진정한 이론, 그리고 신의 개입이 없는 인식론[31]이 진행되어가는 시대'(무라카미 요이치로, 《근대 과학과 성속혁명 〈신판〉》)라고 평가했다.

18세기는 프랑스 **계몽주의**라는 사상운동이 일어난 시대다. 계몽주의란 이성에 절대적인 신뢰를 두고 중세부터 이어진 편견과 인습, 무지, 봉건 제도로부터 인간을 해방하려는 사상운동을 말한다.

계몽의 세기라 불리는 이 시대에 철학에서도 신은 무대 뒤로 퇴장한다. 신보다도 경험에서 지식의 기반을 찾아간다. 그러나 경험만으로 확실한 지식을 얻을 수 있을까? 이런 의문을 가진 것이 칸트였다.

그래서 칸트는 이성과 지성의 역할을 처음부터 다시 생각한다. 칸트의 대명사라고도 할 수 있는 《순수 이성 비판》《실천이성비판》《판단력 비판》이라는 세 비판서는 각각 '나는 무엇을 알 수 있는가', '나는 무엇을 해야 하는가', '나는 무엇을 기대해야 하는가'라는 질문에 대응한 것이다. 말하자면, **신을 떠나서 이성과 지성의 역할과 한계**를 확인하려고 한 것이 칸트의 철학이었다(2-5 참조).

이 칸트를 효시로 18세기 후반부터 19세기에 걸쳐 독일에서 후에 독일 관념론³²이라 불리는 철학이 전개된다. 시대적으로는 프랑스 혁명을 거쳐 나폴레옹이 자유, 평등, 박애³³ 같은 혁명의 이념을 유럽에 수출해 나가던 때이다.

그런 시대에 걸맞게 독일 관념론의 완성자라 불리는 헤겔은 인간이나 역사가 자유를 획득해 나가는 과정의 하나로써 장대한 철학 체계를 만들어냈다(2-6 참조). 칸트는 이성의 힘을 제한적으로 보았으나 헤겔은 절대적인 진리에 도달할 수 있는 길을 부여했다. 헤겔을 근대철학의 완성자로 평가하는 이유가 여기에 있다.

---

29 1618~1648년 독일을 무대로 신교(프로테스탄트)와 구교(가톨릭) 간에 벌어진 종교전쟁. 신교파가 구교를 강요하는 신성 로마 제국에 반기를 들면서 30년 동안 계속됨.

30 인류의 역사에서 연금술은 두 가지 갈래가 있는데, 한 가닥은 금속을 변환시키는 것과 같은 자연의 탐구이고, 다른 가닥은 철학적인 영적인 훈련임. 과학의 탐구로서 연금술은 화학, 합금, 물리학, 의학으로 연결되어 나갔으며, 철학적인 영적인 훈련으로서의 연금술은 점성술, 신비주의, 심령술, 신비주의로 이어짐.

31 인식(앎)의 내용과 형식이 정당한가에 대하여 연구하는 철학의 한 부문.

32 정신, 이성, 이념 따위를 본질적인 것으로 보고, 이것으로 물질적 현상을 밝히려는 이론.

33 모든 사람을 평등하게 사랑함.

2-1 누가 고정 관념에 사로잡혀 있는가?

베이컨과 근대 과학

우선 센터시험 문제를 인용해 보자. 윤리 센터시험에는 종종 철학 상의 개념을 구체화해서 생각하게 하는 문제가 출제된다. 이 문제는 플라톤의 이데아에 대해 가족끼리 대화하는 상황 설정이라는 점에서 매우 독특하다. 설마 '이런 가족이 있을까!'라고 따져 묻고 싶어지는 사람이 있을지도 모르지만 말이다.

[문제 8] 베이컨은 올바른 지식의 획득을 방해하는 것으로 네 가지 우상을 꼽았다. 다음의 대화에서 '극장의 우상'에 사로잡혀 있다고 볼 수 있는 사람은 누구인가? ❶~❽ 중에서 고르시오.

여동생(중학생) : 우연히 TV를 틀었는데 대학 교수가 뭔가 설명하고 있는 거야. 그런데 왠지 재미있을 것 같아서 끝까지 봤는데, 그 교수가 플라톤이라는 철학자를 연구하고 있대. 그러면서 이데아라

는 게 존재했다고 했거든. 오빠는 플라톤이랑 이데아가 뭔지 알아?

오빠(고등학생) : 플라톤은 고대 그리스의 유명한 철학자야. 그리고 이데아라는 건 한마디로 말하면, 사물의 본질로서의 이념적 실재라고나 할까. 윤리 시간에 배운 대로 말한 거야.

어머니 : 사물의 본질[34]로서의 이념적 실재[35]라……. 그럴 듯하게 들리긴 하지만, 과연 알고 하는 말일까? 그리고 그 대학 교수는 정말로 이데아가 존재한다고 생각할까? 우리의 평소 생활에서 이데아 같은 건 의미가 없는 것 같은데 말이야.

여동생 : 엄마는 플라톤이 잘못 생각한 거라는 말이네. 그럼, 아빠는 어떻게 생각해?

아버지 : 아빠는 이데아인지 뭔지 모르지만, 뭔가 이상적인 진짜 세계란 게 있어도 이상할 게 없다고 생각해.

어머니 : 그렇게 생각하는 건 아버지 성격 탓인 것 같구나. 무슨 일이든 이상화해야 직성이 풀리는 성격이니까.

오빠 : 아빠도 이데아란 게 있는 것 같다고 했지만, 윤리 교과서에도 나와 있고 학교 선생님 설명을 들어도 이해가 되거든. 그러니까 역시 이데아가 있는 거야.

어머니 : 과연 그럴까?

여동생 : 여러 사람 얘기를 듣다 보니까 뭐가 뭔지 모르겠어. 모처럼 재미있는 개념이라고 생각했는데…….

❶ 여동생　　　　❷ 어머니　　　　❸ 오빠
❹ 아버지　　　　❺ 아버지와 여동생　　❻ 어머니와 오빠
❼ 아버지와 오빠　❽ 어머니와 여동생

(1991년 센터 본시험　제3문·문제 3)

근대 과학이 성립된 배경

이 절에서는 제시문에 나온 프랜시스 베이컨(1561~1626)을 중심으로 설명하기로 한다. 먼저, 베이컨과 다음 절에서 살펴볼 데카르트의 철학과도 밀접하게 관련되는 **근대 과학의 성립**에 대해 대략적으로 살펴보고자 한다.

신학의 세계에서는 14세기 프란체스코 수도회의 수사이자 철학자인 윌리엄 오컴(1285년경~1349년경)이 토마스 아퀴나스와는 달리 신학과 철학을 명확하게 분리하는 사상을 전개했다. 이것은 신앙과 이성의 역할 분담을 명확히 하는 것이었다.

단순화하면, 신의 문제는 신학이 담당하지만 현세의 자연 연구는 철학(이성)이 담당할 수 있다. 이것은 결과적으로 이성의 활약 범위를 넓힘으로써 근대 과학의 토양을 준비해 간다.

14세기~16세기에 걸쳐 이탈리아에서 일어난 르네상스도 근대 과학과 밀접한 관련이 있다. 예를 들어, 르네상스 시대에 확립된 원근법은 회화의 공간을 인간의 관점에서 주체적으로 재구성하는 것이며, 그 구성은 수학적 계산에 기초했다.

실제 원근감을 구사한 레오나르도 다 빈치(1452~1519)는 수학과 역학[36]에 정통해, '공학[37]은 수학적 과학의 낙원이다'라는 말도 남겼다 (《레오나르도 다 빈치의 수기(하)》 스기우라 민페이 옮김, 이와나미문고).

이러한 신학의 변화나 르네상스를 배경으로 해서 17세기에는 천동설에서 지동설로 전환하고, 갈릴레이와 뉴턴이 역학의 기초를 확립하는 등 이후의 세계에 결정적인 영향을 미치는 연구가 속속 등장했다. 이것을 17세기의 '**과학 혁명**'이라 부른다.

자연에 복종하고 자연을 지배한다

근대 과학의 이륙과 궤를 같이하여 학문의 쇄신을 꾀한 사람이 프랜시스 베이컨이다. 1605년 영어로 쓴 최초의 철학서 《학문의 진보》에서 베이컨은 중세를 지배한 스콜라 철학의 폐쇄성을 통렬하게 비판했다.

> …타락한 학문은 주로 스콜라 학자들 사이에서 지배적으로 행해졌다. 즉, 그들은 예리하고 높은 지력과 여유로운 시간이 있는데도 아주 대수롭지 않은 책만 읽었고, 그 몸이 수도원이나 기숙사 골방에 갇혀 있었던 만큼 그들의 지식은 소수의 작가(주로 독재적 지배자 아리스토텔레스) 밖으로 나오는 일이 없었다. 그들은 자연사든 시대사든 역사에 대해서는 아는 것이 적었기 때문에 얼마 안 되는 재료에다 끝없이 그 지력을 쏟아부어, 그들의 책에 현존하는 학문의 거미집을 우리를 위해 지었다.
>
> ─《학문의 진보》 핫토리 에이지로·다다 에이지 옮김, 이와나미문고, 53쪽

그럼 새로운 학문은 어떠해야 하는가? 베이컨은 학문의 진정한 목표란 인간의 삶을 풍요롭게 하는 것이라고 주장한다. 삶을 풍요롭게 하기 위해서는 자연의 법칙을 잘 알고 자연을 지배하는 힘을 획득해

---

34 그 사물을 성립시키고 그 사물에만 내재하는 고유한 것.
35 이상적인 것으로 여겨지는 것이 실제로 존재함.
36 물체의 운동에 관한 법칙을 연구하는 학문. 물리학의 한 분야.
37 공업의 이론, 기술, 생산 따위를 체계적으로 연구하는 학문. 전자, 전기, 기계, 항공, 토목, 컴퓨터 따위의 여러 분야가 있음.

야 한다. 이러한 베이컨의 생각을 나타낸 것이 바로 "아는 것이 힘이다"라는 말이다. 이 말의 토대가 된 '**인간의 지식과 힘은 일치한다**'는 한 구절이 저서 《노붐 오르가눔(신기관)》에 나와 있다.

> 인간의 지식과 힘은 일치한다. 원인을 모르면 결과를 낳을 수 없기 때문이다. 자연을 지배하기 위해서는 자연에 복종해야 하는 것이어서 자연을 관찰해 그로부터 추측할 수 있는 원인이 작업에서는 규칙의 역할을 한다.
>
> —노붐 오르가눔(신기관)》 핫토리 에이지로 옮김, 《와이드 판 세계의 대사상 6 베이컨》, 가와데쇼보, 231쪽

여기서 알 수 있듯이, 베이컨은 자연 법칙을 파악하는 것을 '**자연에 복종한다**'고 표현했다. 그럼, 어떻게 해야 자연의 법칙을 알 수 있을까? 그 방법론으로 제시한 것이 베이컨의 대명사가 된 '귀납법'이다.

삼단논법 vs 귀납법

귀납법을 설명하면서 베이컨은 아리스토텔레스가 공식화한 삼단논법을 비판한다. 삼단논법은

- 인간은 죽는다 (대전제)
- 소크라테스는 인간이다 (소전제)
- 따라서 소크라테스는 죽는다 (결론)

라는 추론이다. 이러한 삼단논법에서는 결론 속의 정보나 사실적 내용이 전제들 속에 이미 들어 있기 때문에, 만일 전제들이 참이라면

결론이 거짓일 수 없다. 즉 결론이 필연적으로 참이라는 특징이 있다. 하지만 전제들 속에 묵시적으로 들어가 있는 내용을 결론에서 명시적으로 밝혀준다는 점 이외에는 **새로운 지식을 발견할 수가 없는 것**이다.

베이컨이 새로운 학문의 방법으로 제시한 것이 귀납법이다. 귀납법이란 수집한 개별 사실에서 일반적인 법칙을 끌어내는 추론법을 말한다. 예를 들어, 정어리는 알에서 태어나고, 전갱이도 알에서 태어난다는 각각의 사실을 바탕으로 '따라서 모든 물고기는 알에서 태어난다'는 **일반적인 법칙을 끌어내는 것**이 '귀납법'이다. 그러나 베이컨은 단순히 사례를 모아 공통점을 도출해내는 방법만으로는 불충분하므로 수집된 개별 사례를 적절하게 나누면서 조금씩 일반 명제에 접근해 나가야 한다고 말한다. 자연 탐구라면 관찰이나 실험을 반복하면서 법칙을 이끌어내야 한다는 것이다. 자연에 대한 진지한 관찰을 중시한 근대 과학의 기초가 되는 연구 방법을 제시한 셈이다.

네 가지 우상(이돌라(idola))

귀납법에는 올바른 관찰이나 실험이 생명이다. 그러나 인간은 종종 선입관이나 편견을 갖고 사물을 보는 경향이 있다. 베이컨은 인간의 정신을 둘러싼 선입관이나 편견을 '**우상**(이돌라, 환영)'이라고 부르고, 종족·동굴·시장·극장이라는 네 가지 우상을 비판했다. 각 우상에 대해 살펴보기로 한다.

첫 번째, '**종족의 우상**'은 인류라는 종족이 공통적으로 갖고 있는 것으로, 시각이나 청각 같은 감각을 그대로 믿어 버리는 것을 말한

네 가지 우상

❶ 종족의 우상

하늘이 움직이는 듯한 느낌   착시   의인화

❷ 동굴의 우상

가정환경이나 처지   개인적인 체험   읽은 책의 영향

❸ 시장의 우상

인터넷 정보   소문   잘못 들음

❹ 극장의 우상

인기 프로그램 정보   훌륭한 사람의 말

다. 예를 들어, 별이 작게 보인다고 해서 실제 크기도 본 그대로일 것이라고 판단해 버리는 것은 본 것을 진실이라고 믿는 '종족의 우상'이 있기 때문이다.

두 번째, '**동굴의 우상**'은 개인의 성격이나 경험, 성장 환경, 받은 교육 등을 통해 좁은 견해에 빠져 버리는 것을 말한다. 동굴처럼 좁고 폐쇄된 집단의 가치관을 절대시해 버리는 것도 동굴의 우상에 해당한다.

세 번째, '**시장의 우상**'은 소통하는 가운데 생기는 언어의 오용이나 부적절한 사용이 초래하는 선입관이다. 유언비어를 믿거나 추상적인 개념을 다룰 때 시장의 우상이 생긴다.

네 번째, '**극장의 우상**'은 연기나 연극을 진실이라고 믿어 버리는 것처럼, 전통이나 권위, 잘못된 학설이나 이론을 무비판적으로 수용함으로써 생기는 선입관이다. 훌륭한 학자가 말했으니까 보나마나 사실일 거라며 정보를 따져보지도 않고 그대로 믿어 버리는 사람은 극장의 우상에 사로잡혀 있는 것이다.

이러한 선입관을 배제하고 실험과 관찰을 통해 진리를 탐구하는 귀납법과 경험을 중시하는 베이컨의 철학은 영국 경험론의 시조가 되어 로크와 흄에게 이어진다.

'극장의 우상'이란 전통과 권위를 무비판적으로 수용하는 것을 말한다. 여동생은 세 사람이 하는 말을 듣고 '뭐가 뭔지 모르겠다'는 이유에서 이데아론을 받아들이지 않는다. 어머니도 "우리의 평소 생활에서 이데아 같은 건 의미가 없는 것 같다"며 의문을 제기했다. 아버지는 "뭔가 이상적인 세계라는 게 있어도 이상할 게 없다"고 말한다. 하지만 이것은 아버지 개인의 견해일 뿐, 전통과 권위에 무조건 따르는 것은 아니다. 이에 반해 오빠는 "아빠도 이데아란 게 있는 것 같다고 했지만, 윤리 교과서에도 나와 있고 학교 선생님 설명을 들어도 이해가 되거든. 그러니까 역시 이데아가 있는 거야."라고 말한다. 이것을 보면 아버지의 견해와 교과서, 선생님의 설명을 그대로 받아들였음을 알 수 있다. 따라서 정답은 ❸ 오빠이다.

2-2 사람은 어떻게 진리에 도달할까?

데카르트의 물심이원론

이 절에서 다룰 데카르트는 센터시험에 자주 출제되는 철학자다. 수험생에게 친숙한 인물이라고 할 수 있지만, 과거 출제된 문제 중에 데카르트의 철학을 깊이 있게 다룬 것은 별로 없다. 그런데, 다음에 인용하는 문제는 빈칸 채우기 형식이긴 하지만 데카르트 철학의 특징이 되는 물심이원론(심신 이원론)까지 언급한 점에서 한층 깊이 있는 이해가 요구되는 문제라 할 수 있다.

문제 9 데카르트 철학에 대해 서술한 다음 문장을 읽고 (a)~(c)에 들어갈 단어의 조합으로 올바른 것 하나를 ❶~❽ 중에서 고르시오.

《방법서설(Discours de la Methodes)》의 첫 대목에서 "(a)는 세상 사람에게 가장 공평하게 분배되어 있다"고 말한 데카르트는

모든 사람이 그것을 올바르게 이용하면 정말로 확실한 지식을 얻을 수 있다고 생각했다. 데카르트는 모든 존재를 의심한 결과, 더 이상 의심할 수 없는 진리로서 '나는 생각한다. 고로 나는 존재한다'는 명제에 도달했다. 이 원리를 확실한 명제로 받아들인 데카르트는 그로부터 다른 진리를 도출해내려고 했다. 이러한 논증 방법을 (b)이라고 부른다.

데카르트는 더 깊이 고찰한 결과 정신이 분명하고 확실하게 인식할 수 있는 것으로서 물체의 존재도 인정했는데, 정신의 본질이 사유(思惟)인 반면 물체의 본질은 (c)이라고 정의했다. 데카르트는, 신체가 스스로 생각하는 일은 없기 때문에 물체나 다름없다고 보았다.

❶ (a) 양식(良識) (b) 귀납법 (c) 질료　❺ (a) 오성 (b) 귀납법 (c) 질료

❷ (a) 양식(良識) (b) 귀납법 (c) 연장　❻ (a) 오성 (b) 귀납법 (c) 연장

❸ (a) 양식(良識) (b) 연역법 (c) 질료　❼ (a) 오성 (b) 연역법 (c) 질료

❹ (a) 양식(良識) (b) 연역법 (c) 연장　❽ (a) 오성 (b) 연역법 (c) 연장

(2016년 센터 추가시험 제4문 · 문제 2)

탐구의 네 가지 규칙

르네 데카르트(1596~1650)의 대표작 《방법서설》은 "**양식(良識)은 이 세상에서 가장 공평하게 분배되어 있다**"는 문장으로 시작한다. 양식이란 올바르게 판단하고 진위를 분별하는 능력, 즉 이성을 뜻하는데,

데카르트는 이성을 이 세상 사람 모두가 태어날 때부터 공평하게 갖고 태어난다고 생각했다. 그러니까 인간은 누구나 양식이나 이성을 올바르게 이용하면 진리에 도달할 수 있다고 말한다.

앞 절에서 언급한 베이컨과 마찬가지로 데카르트도 과거의 학문을 강하게 비판하며 새로운 학문의 방법론을 확립하려고 했다.

《방법서설》 제1부에는 그가 학교에서 배우는 학문에 대해 기대했지만 결국 환멸에 이른 경위가 솔직하게 기술되어 있다. 하지만 수학만은 달랐다. 수학의 논리는 인문학과 달리 **'확실성과 명증성'**을 갖추었기 때문이다. 데카르트는 학문의 방법도 수학처럼 '확실성과 명증성'에 기초해야 한다고 생각했다. 《방법서설》이라는 책의 정식 명칭은 《이성을 바르게 이끌어내고 학문에서 진리를 탐구하는 방법에 대한 서론 및 그 방법의 시도(굴절 광학·기상학·기하학)》이다.

진리를 탐구하는 학문의 방법을 만들어내기 위해 데카르트는 우선 **네 가지 사고의 규칙**을 선언한다.

① 직관적으로 진리임을 인지할 수 있는 것 이외에는 결코 받아들이지 말 것(명증의 규칙)
② 어려운 문제는 가능한 한 작은 부분으로 나눌 것(분석의 규칙)
③ 가장 간단한 것부터 시작해서 복잡한 것에 도달할 것(종합의 규칙)
④ 놓치는 것이 없도록 하나하나 열거할 것(매거(枚擧)의 규칙)

이 규칙에 의하면, 먼저 해야 할 것은 '명증의 규칙'에 따를 것, 즉 누구에게나 확실한 진리를 찾는 일이다.

데카르트가 진리를 이끌어내는 순서는 '나는 생각한다. 고로 나는 존재한다'라는 확실한 진리를 처음에 두고 거기에서 다른 진리를 이끌어내는 것이다. 이처럼 확실한 원리에서 출발하여 추론을 전개하는 방법을 **연역법**[38]이라고 한다. 따라서 학문의 방법론으로 볼 때, 데카르트는 베이컨의 귀납법과는 대조적인 방법을 채택했다. 또한 앞 절에서 언급한 삼단논법도 연역법이지만, 데카르트는 중세 스콜라 철학의 추론을 의심스러워했다. 따라서 첫 번째 진리의 발견이 매우 중요하다.

방법적 회의에서 이끌어낸 '나는 생각한다. 고로 나는 존재한다'

그렇다면 확실한 진리를 어떤 방법으로 발견하는 것이 좋을까? 데카르트는 의심하는 일에서 시작한다. 갑자기 확실한 진리를 찾는 것이 아니라 의심하여 진리가 아닌 것들을 몽땅 찾아내고 그래도 남는 것을 진리로 판정한다. 이것이 그 유명한 '**방법적 회의**'[39]다.

데카르트는 어쨌든 모든 것을 의심해 보았다. 색이나 냄새는 사람에 따라 보는 관점과 견해가 다르기 때문에 확실한 진리라고 할 수가 없다. 그렇다면 눈앞에 컵이 있다는 것은 확실할까? 아니, 지금 자신은 꿈을 꾸는지도 모른다. 악한 영에 사로잡혀 속을 수도 있다. 그렇게 되면 컵은커녕 자신이 손발을 움직이는 것이나 '2+3=5'라는 것조차도 의심스러워진다.

의심하다 보면 확실한 것은 아무것도 없는 것처럼 생각된다. 과연 확실한 진리라는게 있는 것일까? 데카르트의 말을 그대로 인용해 보겠다.

......나는 그때까지 자신의 정신 속에 들어 있던 모든 것은 꿈의 환상과 마찬가지로 진리가 아니라고 가정하기로 했다. 그러자 바로 그 순간 다음과 같은 것을 깨달았다. 이와 같이 모든 것을 가짜로 생각하려 한 순간에도 그렇게 생각하는 나는 필연적으로 존재한다. 그리고 '나는 생각한다. 고로 존재한다'라는 이 진리는 회의론자들의 터무니없는 억측이라 해도 흔들리지 않을 만큼 확고하고 확실하다는 것을 인정하고, 이것을 내가 찾던 철학의 제일원리로 주저하지 않고 받아들일 수 있다고 판단했다.

—《방법서설》다니가와 다카코 옮김, 이와나미문고, 46쪽

지금 꿈속에 있든 악한 영에 사로잡혀 있든 '이건 꿈일지도 모른다', '악한 영에 사로잡혀 있는지도 모른다'고 생각하는 것 자체는 의심할 수 없다. 그렇다면 생각하는 자신이 존재하는 것만은 확실하다.

이렇게 해서 데카르트는 그 유명한 '나는 생각한다. 고로 존재한다'라는 최초의 진리를 발견했다.

신의 이성 출장소

그러나 아직 이 단계에서는 '뭔가를 생각하는 자신이 있다'는 것 이

---

38 일반적 사실이나 원리를 전제로 하여 개별적인 특수한 사실이나 원리를 결론으로 이끌어 내는 추리 방법.

39 절대적으로 확실한 인식(앎)을 찾기 위한 방법으로서의 회의(의심)이다. 즉 아무리 의심하려 해도 더 이상 의심할 수 없는 인식(앎)을 찾기 위한 방법이다.

외에는 확실한 진리가 없다. 여전히 주위에 보이는 것은 의심스럽다.

여기서 데카르트는 '신의 존재 증명'이라는 곡예적인 논법[40]을 제시한다. **신의 존재를 증명하고 자기 인식의 정확성을 신에게 보증받는 방식**이다. 《방법서설》 제4부에서는 신의 존재가 다음과 같이 설명되어 있다.

> 나는 자신에게는 없는 몇 가지 완전성을 인식하고 있으니까 …… 다른 더 완전한 존재자가 반드시 있어, 나는 그에 의존하고 내가 가진 모든 것은 그로부터 얻은 것이다…….
>
> ─《방법서설》 다니가와 다카코 옮김, 이와나미문고, 49쪽

이해하기 어렵겠지만 데카르트의 증명은 이런 식이다.

인간인 나는 불완전한 존재다. 불완전한 존재는 원리적으로 '완전성'이라는 관념[41]을 자신의 힘으로 가질 수는 없다. 하지만 인간은 아무튼 완전성이라는 관념을 갖고 있다. 그렇다면 완전성이라는 관념은 완전한 존재인 신이 부여했다고밖에 생각할 수 없다.

이 증명에는 다음과 같은 이론이 전제되어 있다.

× 불완전한 존재(인간) → 완전성이라는 관념
○ 완전한 존재(신) → 완전성이라는 관념

이 전제에 따르면 우리가 인식하는 완전성이라는 관념은 신에서 유래한다고 생각해야 한다. 그러므로 신은 존재한다는 것이 데카르트의 신에 대한 존재증명이다.

이성의 배후에는 신이 있다

신이 존재하는 이상 인간은 신의 지성을 나누어 가진다. 즉 **이성의 배후에는 신이 있다**는 것이다. 이렇게 인간이 명료하게 인식하는 것은 진리가 보증되는 것이다. 데카르트는 다음과 같이 말했다.

> 신이 있고, 신이 완전한 존재자라는 것은 우리 안에 있는
> 모든 것은 신에서 유래한다는 것을 말한다. 그 결과로 우리
> 의 관념이나 개념은 명료하게 판명되는 실재이고, 신으로
> 부터 유래하는 것이며, 그 점에서 진리일 수밖에 없다.
> -《방법서설》, 다니가와 다카코 옮김, 이와나미문고, 54쪽

---

40 줄타기를 하듯이 꼬리에 꼬리를 무는 질문과 답변 형식의 논법.
41 생각.

기다 겐(木田元) 씨의 탁월한 표현을 빌리면 인간의 이성은 '신의 이성의 미니어처이며, 말하자면 그 출장소 같은 것'(기다 겐 《반 철학사》, 고단샤, 143쪽)이다.

기독교의 신은 세상을 창조했으므로 세상은 신의 이성에 의해 지배된다. 따라서 신의 이성 출장소인 인간 이성은 세상의 법칙을 명료하게 인식할 수 있다는 것이다.

그리고 물심이원론에 다다르다

하지만 인간이 갖고 있는 관념이 모두 객관적으로 확실한 것은 아니다. 색상이나 소리처럼 오감으로 인한 관념이나, 도라에몽(일본의 만화가 후지코 F. 후지오가 집필한 어린이 SF 만화. 주인공 도라에몽은 실제로는 로봇이지만 도구를 사용하여 외국이나 우주, 과거나 미래로 이동할 수 있다. -옮긴이) 같은 상상의 산물은 객관적인 것이 아니기 때문이다.

경험에서 법칙을 이끌어내려고 한 베이컨과는 정반대로 데카르트는 태어난 후 경험으로 얻어지는 관념은 불완전하고 애매모호한 것이라고 생각했다.

데카르트가 객관성이 보증되는 관념이라고 생각한 것은 인간이 선천적으로 갖고 있는 타고난 생득관념으로 한정된다. 그 중에서 그 경향이 가장 두드러진 것이 '2+3=5'와 같은 수학적 관념이다.

방법적 회의 단계에서는 2+3=5조차 의심스러운 것이었으나, 신의 존재가 확인된 이상 수학적 관념은 진리일 수밖에 없다. 신은 진실해서 우리를 속이지는 않기 때문이다.

여기서 다음의 내용은 《방법서설》이 아니라 그 철학적 논쟁 부분을 자세히 기술한 《성찰》이라는 책에 근거해 설명해 보겠다. 《성찰》에서 데카르트는 신의 존재증명 중 물체에 대해 논했다. 여기서도 신의 진실로부터 물체의 존재를 확인할 수 있다. 즉, 우리가 가진 물체의 관념은 객관적으로 존재한다는 것이다.

하지만 물체는 '내가 감각으로 파악하는 것으로써 존재하는 게 아닐 것이다(《성찰》, 이노우에 쇼시치·모리 아키라 옮김, 주오코론신샤, 119쪽)'라고 데카르트는 말한다. 감각에 의한 파악은 불분명하기 때문이다.

그럼 물체의 관념에서 감각적인 관념을 빼면 무엇이 남을까? 그것은 수학적으로 파악되는 관념이며, 결국은 공간 속에 위치하는 것을 말한다. 이 공간을 차지하는 물체의 성질을 데카르트는 '연장'이라고 했다.

예를 들어, 레몬에 대해 생각해 보기로 하자. 레몬 색이나 냄새는 사람마다 받아들이는 방법이 다르므로 레몬의 본질이라고는 할 수 없다. 한편, 레몬이 공간 속에서 차지하는 표면적이나 부피는 객관적이다. 이러한 공간 속의 성질, 즉 '연장'을 레몬의 본질이라고 생각한 셈이다.

여기까지의 논의를 정리해 보자. 이상 살펴본 것으로도 알 수 있듯이, 데카르트 철학에서는 세계는 '정신(마음)'과 '물체'라는 두 실체(다른 영향을 받지 않고 그 자체로 불변하는 것)로 되어 있다. 이것이 **'물심이원론'**이라 불리는 것이다. 그리고 정신의 본질(속성)은 사유(생각하는 것)이며, 물체의 본질(속성)은 연장(공간적인 성질)이라고 데카르트는 생각했다. 이때 신체는 마음이 아니기 때문에 물체 쪽에 해당된다. 데카르트에게 신체는 물체에 불과했던 것이다.

인공지능 관련 연구

데카르트의 물체관으로 볼 때 자연의 사물은 수학적으로 파악할 수 있는 물체에 지나지 않는다. 이처럼 신체를 포함한 자연 사물을 수학적으로 파악할 수 있는 기계 부품과 같이 받아들이는 견해를 **'기계론적 자연관'**이라고 한다.

이것은 중세까지 지배적이었던 아리스토텔레스의 목적론적 자연관과는 전혀 다른 것이다. 아리스토텔레스의 자연관은 자연 현상이 일정한 목적을 향해 일어난다. 예를 들어 목적론적 자연관에서는 돌멩이는 아래로 떨어지는 본성이 있기 때문에 아래로 떨어질 것이라고 생각한다. 즉, 아래로 떨어지려는 목적 때문에 떨어지는 것이다.

한편, 기계론적 자연관에서는 온갖 물체가 인력[42]을 원인으로 해서 동일한 법칙에 따라 낙하하는 것일 뿐 자연의 사물에는 목적이 없다.

이러한 기계론적 자연관을 바탕으로 자연 현상을 조작 대상으로 하는 근대 과학이 발전해 나간다.

마지막으로 현대의 인공지능 연구로 이어지는 심신 문제에 대해 살펴보자.

앞에서 언급한 것처럼 데카르트는 몸과 마음을 구분했다. 그러나 양자의 관계에 대해서도 논했다. 데카르트는 마음의 위치가 뇌의 작은 부위인 '송과선'에 있다고 생각했다. 그리고 마음과 신체는 송과선을 통해 서로 만나면서 서로 영향을 주고받는다고 말한다.

20세기 영국의 철학자 길버트 라일(1900~1976)은 신체의 내부에 있는 마음이라는 독립된 존재가 신체를 조작한다고 하는 데카르트의 이분법을 **'기계 속의 유령'**이라고 비판했다.

하지만 데카르트가 주장하는 몸과 마음의 관계는 심신 문제에서 심뇌 문제로 양상을 바꾼 지금도 결정적인 해답을 찾지 못하고 있다. 그만큼 몸과 마음의 관계를 발견하고 설명하려고 했던 것은 철학자 데카르트의 큰 업적이라고 할 수 있다.

정답과 해설

(a)는 단순 암기 문제로 양식(良識)이다. (b)에서는 데카르트의 논증 방법이 연역법임을 설명했다. 그리고 데카르트는 물체의 본질은 공간적 성질이라 생각했기 때문에 (c)에 들어갈 말은 '연장(延長)'이다. 따라서 정답은 ❹임을 알 수 있다.

---

42 물체끼리 서로 끌어당기는 힘.

2-3 자유란? 실체란?

스피노자와 라이프니츠의 대륙 합리론

아우구스티누스에 대해 살펴보면서 언급했듯이 윤리 센터시험에서는 철학자의 원문을 해석하는 문제가 출제되기도 한다. 다음 문제는 스피노자의 철학 중에서도 매우 중요한 '자유'의 개념을 논한 한 구절이 인용되었다. 스피노자와 라이프니츠는 고등학교 윤리 교과서에서는 데카르트의 덤 정도로밖에 취급하지 않지만, 스피노자의 원문을 살펴보고자 하는 목적에서 인용했다.

문제 10 다음 글은 스피노자가 자유에 대해 언급한 것이다. 그 내용에 대한 설명으로 가장 적절한 것 하나를 **❶**~**❹** 중에서 고르시오.

자유란 자기 본성의 필연성만으로 존재하고 행동하는 사물을 말한다. 이에 반해 다른 사물로부터 일정한 방식으로 존재하고 행동하도록 결정된 사물은 강요당했다고 할 수 있다. … 피조물에 대해 생각해 보자. 모든 피조물은 어떤 일정한 방식으로 존재하고 행

동하도록 외부 요인에 의해 결정되어 있다. 예를 들어, 돌멩이는 자기를 움직이게 하는 외부 요인에 의해 일정한 운동량을 부여받으며 외부 원인의 충동이 멈춘 후에도 필연적으로 운동을 계속한다. …… 여기서 돌멩이에 대해 말할 수 있는 것은 인간을 포함한 모든 개별적인 사물에 대해서도 말할 수 있다. …… 모든 사람은 자유가 있는 것을 자랑스럽게 생각한다. 하지만 그 자유는, 자신의 욕구는 의식하고 있지만 자신을 결정하는 여러 요인은 모른다고 하는 점에만 있다. (《왕복 서간집》에서)

❶ 인간은 다른 피조물과 달리 자기 본성의 필연성에 의해 행동한다. 하지만 개인적 욕구에 사로잡혀 있는 한 인간은 이 점을 모른다. 이러한 욕구를 극복하면 인간은 자유를 얻을 수 있다.

❷ 인간은 다른 피조물과 마찬가지로 자기를 자극하고 움직이는 원인을 모르는데 자신은 자유롭다고 믿는다. 진정한 자유란 다른 것으로 인해 결정되는 것이 아니라, 자기의 본성으로 행동하는 것을 말한다.

❸ 모든 피조물은 일정한 방식으로 행동하도록 필연적으로 결정되어 있다. 우리 인간도 다른 사물로부터 강요당하지 않고는 아무 것도 이룰 수 없다. 인간은 자유가 없기 때문에 욕구를 따라야 한다.

❹ 모든 피조물은 외부 원인에 의해 좌우된다. 그 외적인 원인에 대한 통찰력은 신으로부터 부여받는다. 그렇기 때문에 인간이 자유로워질 수 있는 것은 피조물을 초월한 어떤 힘에 의해서다.

(2015년 센터 추가시험 제4문·문제 4)

인지과학의 선구자 스피노자,
천년에 한 명 나올까 말까 한 천재 라이프니츠

앞서 거론한 르네 데카르트, 그리고 바뤼흐 스피노자(1632~1677)와 고트프리트 라이프니츠(1646~1716)는 모두 17세기 철학자다. 교과서에는 이 세 사람을 '대륙 합리적'이라는 이름으로 묶어 다음 절에서 살펴볼 영국 경험론과 대비시켰다.

여기서 말하는 '대륙'이란 유럽 대륙을 가리킨다. 대륙 합리론은 주로 네덜란드, 프랑스, 독일에서 전개한 철학이다. 대륙 철학은 위의 세 사람뿐 아니라 **이성을 중시하고 원리에서 출발하여 논증을 진행시켜 나가는 경향의 철학**이 주류였기 때문에 대륙 합리론이라 불리게 되었다.

하지만 스피노자와 라이프니츠는 이렇게 일괄적으로 묶을 수 있는 철학자가 아니다. 두 사람 다 현대의 철학과 사상은 물론, 자연과학 분야에도 큰 영향을 미쳤다. 예를 들어 인지신경과학[43]의 제1인자로 감정 연구에서도 유명한 안토니오 다마시오는 스피노자를 감정 과학의 선구자로 내세운다. 또한 라이프니츠는 수학자로서 뉴턴과 거의 동시에 미적분을 발견했으며, 그가 설립한 이진법은 컴퓨터의 기초 이론이 되었다. 대학에서 나를 가르친 사나베 메구미(坂部惠) 교수는 '데카르트나 칸트는 백 년에 한 명 나오는 천재지만, 아리스토텔레스와 라이프니츠는 천 년에 한 명 나올까 말까 한 천재'라고 자주 말했다.

여기서는 인용한 문제를 토대로 전반에서는 스피노자의 철학을, 후반에서는 다른 문제를 인용하고 난 뒤 라이프니츠에 대해 살펴보고자 한다.

돌멩이에서 인간의 육체까지 모두 신의 표현이다!

스피노자의 저서 《에티카》에 처음 등장하는 것이 실체[44]와 신이라는 문제다. 앞 절에서 살펴보았듯이 데카르트는 정신과 물체라는 두 실체로 세계를 설명하는 이원론[45] 철학을 수립했다. 다만, 그 배후에는 신이라는 궁극적인 실체가 대기한다. 데카르트 철학의 뼈대를 지탱하는 것은 유대교나 기독교의 전지전능한 신의 존재다. 데카르트는 유한의 실체인 정신을 물체와 구별하여 신은 무한한 실체라고 했다.

한편, 스피노자의 신은 유대교나 기독교의 신과는 크게 다르다. 일신교의 신은 독립적인 전지전능한 존재이기 때문에 인간도 아니고 돌멩이도 아니다. 자연의 사물을 초월하여 세계 그 자체를 만들어내는 존재다.

반면 스피노자가 정의하는 신은 **세계 그 자체**다. 스피노자는 인간의 정신이나 신체, 동물, 식물, 돌멩이를 모두 신의 표현이라고 보았다. 이것을 스피노자는 '신 즉 자연'이라고 표현했다. 이처럼 세계의 모든 사물에 신이 미친다는 생각을 '범신론(汎神論)'이라고 한다. 여기에서 '범(汎)'은 사물이 구석구석까지 미친다는 의미다. 신과 세계는 동일하다, 즉 데카르트가 이원론을 주장한 데 반해 스피노자는 '모두는 하나의 신'이라는 일원론[46]을 주장했다.

---

43 인간의 뇌(brain)와 마음(mind)의 관계를 이해하고자 과학적이고 객관적인 실험을 통해 뇌와 행동 및 인지(앎)의 관계를 연구하는 학문 분야.
44 다른 사물에 의존하지 않고 그 자체로 존재하는 것.
45 한 체계 안에 본질적인 두 상태 혹은 두 부분이 있고, 이 요소들은 서로 독립적이기에 다른 것으로 환원되지 않는다고 주장하는 철학적 입장을 말함.
46 유일의 궁극적인 존재 · 원리 · 개념 · 방법 등을 생각하는 입장 또는 경향의 총칭.

스피노자는 《에티카》에서 신에 대해 다음과 같이 말한다.

신은 모든 것의 내재적 원인이지 초월적인 원인이 아니다.

-《에티카》, 구도 기사쿠 · 사이토 히로시 옮김,
《세계의 명저 30 스피노자 라이프니츠》 100쪽, 주코박스

정신과 물체를 실체로 하는 데카르트와 달리 스피노자에게 실체는 신뿐이다. 실체란 다른 사물에 의존하지 않고 그 자체로 존재하는 것을 의미한다. 이 유일한 실체인 신이 다양한 상태를 변화시켜 개별 사물이 나타난다. 그런 의미에서 신은 세계의 외부 세계를 창조하는 초월적인 원인이 아니라 스스로가 상태를 변화시켜 다양한 사물로 나타나는 내재적인 원인이다.

기독교의 세계관 vs 스피노자의 범신론

기독교의 세계관
신이 자연을 창조

스피노자의 범신론
신＝자연

의지가 존재하지 않는다면 인간에게 자유란 무엇인가

신은 모든 사물의 원인이기 때문에 신 자신은 다른 무언가에 의해 움직이지 않는다. 따라서 신이야말로 완전히 자유로운 존재이다.

한편, 인간은 신의 일부이기 때문에 인간 자신에게는 자유 의지가 없다. '오늘은 햄버거를 먹자'라고 생각하고 햄버거를 먹는다. 이것은 자유 의지처럼 보이지만, 스피노자의 말을 빌린다면 실제로는 신이 미치는 자연 속에서 다양한 외부 요인이 작용한 결과 햄버거를 먹고 있는 것에 지나지 않는다. 그러니까 **자유 의지는 믿어 버린 결과**라는 것이다.

서두에 인용한 제시문에서는 돌멩이로 예를 들었다. 돌멩이 또한 강에 흘려 보내거나 사람이 걷어차거나 해야 움직인다. 인간 행동이나 욕구도 그와 다르지 않다는 것이 스피노자의 생각이다.

그렇다면 인간에게 자유가 존재하지 않는 것일까? 그렇지는 않다. 《에티카》 제5부 주제는 '지성의 능력 또는 인간의 자유에 대해서'다.

스피노자가 말하는 인간의 자유란 햄버거를 선택하는 그런 자유 의지를 말하는 것이 아니다. 단적으로 말하자면 **이성에 따라 사는 삶**[47]이다.

신=자연은 마치 기하학처럼 필연적인 법칙[48]에 따라 다양한 사물이나 운동으로 변해간다. 인간 또한 신=자연의 질서에 따라야 한다.

그러나 그 법칙을 모르고 살면 사람은 자신의 처지를 불평하기도 하고, 일이 잘 되지 않는 것을 다른 사람 탓으로 돌려 미워하기도 한

---

47 자연에 대한 이성적 관조를 통해 모든 사물의 필연적인 인과 질서를 인식함으로써 도달하게 되는 마음의 안정과 평화가 최고선임.

48 사물의 관련이나 일의 결과가 반드시 그렇게 될 수밖에 없는 법칙.

다. 반대로 이성에 따라 자신이 신=자연의 법칙과 함께 있다는 것을 아는 사람은 잘못된 원인이나 자신이 해야 할 일, 자신이 정말 원하는 일을 알 수가 있다.

알기 쉽게 말하면 신=자연의 법칙에 무자각으로 사는 것이 아니라 이성에 이끌려 법칙 안에 있다는 것을 알고 산다. 거기서 스피노자는 인간의 자유를 봤던 것이다.

모나드가 뭐지?

이번에는 '천 년에 한 명 나올까 말까 한 천재' 라이프니츠의 사상을 살펴보자.

> **문제 11** 실체에 대해 고찰한 라이프니츠의 설명으로 가장 적합한 것 하나를 다음 ❶~❹ 중에서 고르시오.
>
> ❶ 실체는 불멸의 원자이며, 세계는 원자의 기계적인 운동에 의해 이루어진다고 생각했다.
> ❷ 존재한다는 건 지각되는 것이며 물체의 실체성을 부정하고 지각하는 정신만이 실재한다고 생각했다.
> ❸ 세계는 분할할 수 없는 무수한 정신적 실체로 구성되어 있으며, 그들 사이에는 미리 조화가 이루어져 있다고 생각했다.
> ❹ 정신과 물체 양쪽을 실체로 하며, 정신의 본성은 사고이고, 물체의 본성은 연장이라고 생각했다.
>
> (2017년 센터 추가시험 제3문·문제 3)

라이프니츠가 실체를 어떻게 인식했는지 묻는 문제다. 앞에서 살펴보았듯이 데카르트가 정신과 물체라는 두 실체를 인정하는 이원론의 입장에 있었다면, 스피노자는 신을 실체로 하는 일원론을 전개했다.

이 두 사람에 반해 라이프니츠의 입장은 **다원론**[49]이다. 즉 **세계는 무수한 실체로 이루어져 있다**고 생각했다. 라이프니츠는 이 수많은 실체를 '**모나드**(monad)'라고 불렀다.

모나드라는 말은 그리스어로 '하나의 것'을 나타내는 모나스에서 유래했으며, 우리말로는 '단자(單子)'로 번역된다.

이렇게 말하면 모나드를 원자의 종류로 생각할 수도 있으나, 라이프니츠가 생각하는 모나드는 단일한 실체여서 크기도 형태도 있을 수 없다. 크기나 형태가 있으면 분할이 가능하므로 단일이라고는 할 수 없기 때문이다. 따라서 모나드는 물질이 아니다(물질은 크기와 형태가 있다).

볼 수도 만질 수도 없고 떠올리는 것조차 어렵다. 그런 의미에서 모나드는 경험을 초월한 형이상학적 실체[50]이며, 이해하기 쉬운 언어로 말하자면 정신적인 실체가 될 것이다.

라이프니츠의 모나드 이론은 《모나돌로지(monadologie)》라는 저서에서 읽을 수 있다. 라이프니츠는 수많은 모나드가 서로 독립되어 있어 '무언가가 드나들 수 있는 창문이 없다'고 말한다. 따라서 모나드가 서로 관계를 갖는 일은 없다.

그러나 관계는 없어도 각각의 모나드는 무수한 표상을 가진다고

---

49 세계를 구성하는 요소가 2개 이상 있고, 이들 요소들은 서로 독립적이어서 다른 것으로 환원될 수 없다고 생각하는 철학상의 학설.
50 경험을 초월하여 다른 사물에 의존하지 않고 그 자체로 존재하는 것.

라이프니츠는 말한다. 표상은 뭔가를 비추는 것을 말한다.

모나드가 비추는 것은 삼라만상[51]이다. 하지만 밖의 모나드를 비추는 것은 아니다. 신이 무수한 모나드를 창조하고 개개의 모나드는 신에 의해 세계에 관여하는 모든 사항이 프로그래밍 되어 있다. 개개의 모나드는 자신 안에 있는 그 프로그램을 표상해 가게 된다.

고수 프로그래머의 솜씨를 보라!

말하자면 신은 고수 프로그래머다. 개개의 모나드에는 세계가 최선이 되도록 프로그램이 미리 기록되어 있다. 세계는 미리 예정조화[52]에 의해 움직이도록 되어 있는 셈이다.

라이프니츠는 '시계의 비유'로 이 예정조화를 설명했다. 두 시계의

라이프니츠가 생각한 '예정조화'

신은 고수 프로그래머

시각을 맞추는 방법을 생각해 보자.

① 서로 연동시킨다, ② 순간마다 맞춘다, ③ 미리 두 시계를 정밀하게 만든다, 라고 하는 세 가지 방법이 있다. 이 중 신은 세 번째 방법을 취했다고 할 수 있다.

그러니까 이 세상에서 일어나는 다양한 사건에는 그런 일이 일어난 충분한 이유가 있게 된다.

> 우리는 사실이 왜 이래야 하며 그게 아니면 안 되는지 충분한 이유가 없으면 어떠한 사실도 참이라고 할 수 없으며 어떠한 명제[53]도 진실일 수 없다고 생각한다. 하긴 이러한 이유는 대부분의 경우 우리는 알 수 없지만.
>
> ―라이프니츠 《모나드론 〈철학의 원리〉》, 니시타니 유사쿠 옮김,
> 《라이프니츠 저작집 9》, 코사쿠샤, 217~218쪽

여기서도 프로그램의 비유로 생각하면 이해하기 쉽다. 고수 프로그래머인 신은 모순이 생기는 프로그램은 쓰지 못한다. 프로그램의 가능성은 무궁무진하지만 충분한 이유가 있는 프로그램만 쓸 수 있는 것이다.

이와 같이 어떤 사건에도 충분한 이유가 있어야 한다는 원리를 **'충족 이유율'**이라고 한다. 세계가 충족 이유율을 따른다는 것은 무

---

51 우주에 있는 온갖 사물과 현상.

52 미리 정해진 조화.

53 사실을 나타내는 문장. 사실을 나타낸다는 것은 명제가 참, 거짓으로 판명 난다는 뜻임.

수한 모나드가 예정 조화적으로 통일되어 있기 때문이다. 우리에게는 불합리하게 보이는 것도 신의 입장에서 보면 충분한 이유가 있다. 라이프니츠의 모나드는 세계를 항상 최선의 상태로 유지하는 실체인 것이다.

정리해 보겠다. 데카르트, 스피노자, 라이프니츠 등 대륙 합리론 철학은 어떤 원리에서 출발하여 논증을 진행시켜 나가는 연역적 스타일을 특징으로 했다. 스피노자는 '신 즉 자연', 라이프니츠는 '모나드'가 바로 그에 해당한다.

이 세 사람은 또한 세계에는 미리 법칙적인 질서가 성립하는 것을 전제로 한다는 점에서도 공통점이 있다. 일원론, 이원론, 다원론이라는 차이는 있지만 세 사람은 세계의 질서는 신의 존재에 의해 보증된다고 생각했다. 그리고 인간은 올바로 이성을 이용해야 세계 질서를 알 수 있다는 것이다.

문제 10 부터 살펴보자. ❶은 '인간은 다른 피조물과 달리 자기 본성의 필연성에 의해 행동한다'는 부분이 있으므로 틀린 답이다. 제시문에는 '모든 피조물은 어떤 일정한 방식으로 존재하고 행동하도록 외부 요인에 의해 결정되어 있다'고 나와 있다. 이 점에서 인간은 다른 피조물이나 마찬가지다. ❸은 '인간은 자유가 없기 때문에 욕구에 따라야 한다'는 부분이 옳지 않다. 제시문 속에는 이런 내용이 없다. ❹도 '그 외적인 원인에 대한 통찰력은' 이후 부분을 제시문에서 읽을 수 없으므로 옳지 않다. 따라서 정답은 ❷이다.

문제 11 은 이 절의 뒷부분에 나오는 설명을 숙지하면 쉽게 ❸을 선택할 수 있을 것이다. 참고로 ❶은 고대 그리스의 데모크리토스, ❷는 다음 절에서 살펴볼 버클리, ❹는 데카르트가 설명한 실체에 대한 내용이다.

2-4 인과 관계란 무엇인가?
로크, 버클리, 흄의 영국 경험론

이 절에서는 '영국 경험론'에 대해 살펴보겠다. 다음 문제 12 는 영국 경험론을 대표하는 철학자 로크, 버클리, 흄, 그리고 2-1절에서 살펴본 베이컨의 사상을 제대로 이해했는지를 묻는 문제다.

문제 12 다음의 가)~다)는 경험에 지식의 원천을 요구한 사상가의 설명이다. 각각 누구를 말한 것인지 옳은 것을 ❶~❽ 중에서 고르시오.

가) 사물이 존재하는 것은 우리가 그것을 지각하는 것이며, 마음 밖에 물질적 세계가 존재하지 않는다고 생각하고 '존재한다는 것이란 지각되는 것'이라고 말했다.

나) 우리에게는 태어날 때부터 일정한 관념을 갖고 있다는 견해

를 부정하고 마음의 원래 상태를 백지로 비유하면서, 모든 관념은 경험을 바탕으로 후천적으로 형성된다고 했다.

다) 인과 관계가 필연적으로 이루어져 있다고 하는 생각을 의심하고 원인과 결과는 오히려 습관적인 연상이나 상상력에 유래하는 신념이라고 주장했다.

❶ 가) 흄　　　　나) 베이컨　　　다) 버클리
❷ 가) 흄　　　　나) 베이컨　　　다) 로크
❸ 가) 흄　　　　나) 로크　　　　다) 버클리
❹ 가) 흄　　　　나) 로크　　　　다) 베이컨
❺ 가) 버클리　　나) 베이컨　　　다) 흄
❻ 가) 버클리　　나) 베이컨　　　다) 로크
❼ 가) 버클리　　나) 로크　　　　다) 흄
❽ 가) 버클리　　나) 로크　　　　다) 베이컨

(2016년 센터 본시험 제4문·문제 5)

'원리'를 중시한 대륙 합리론에 제동을 건 것이 베이컨을 원류로 하고 지식의 기반을 경험에 두는 영국 경험론이었다. 경험론에서는 **연역이 아니라 귀납적 논증을 중시**한다. 합리론의 기반이 수학이라고 한다면 경험론의 기반은 **관찰과 실험**이다.

우선, 영국 경험론의 본격적인 개막을 알린 존 로크(1632~1704)의 철학부터 살펴보자.

로크가 《인간 지성론》에서 지향한 것은 지성의 능력을 생각하고,

지성은 무엇을 어느 정도까지 인식할 수 있는지를 분명히 하는 것이었다. 철학에서는 인간의 인식 능력을 고찰하는 논의를 '**인식론**'이라고 한다. 그런 의미에서 로크 철학은 근대 인식론의 본격적인 개막을 선언하는 것이었다고 해도 좋을 것이다.

인간의 마음은 타블라 라사(백지상태)다

인간은 어떤 식으로 지식을 습득하는 걸까? 그 고찰의 시작으로 로크는 대륙 합리론의 특징인 '생득설'을 비판한다.

생득설이란 인간이 선천적으로 지식을 갖고 있다는 사상을 말한다. 데카르트를 비롯한 대륙 철학자들은 인간은 'A이면서 A가 아닌 것은 없다'고 하는 모순율과 '신', '연장(延長)'이라는 관념을 생득적으로 갖고 있다고 생각했다. 그러나 로크는 '어린이와 백치는 분명히 모두 이러한 원리를 조금도 인지하지 못하며 생각하지 않는다'(《인간 지성론》, 오츠키 하루히코 옮김, 《세계의 명저 32 로크 흄》, 주코박스, 71쪽)는 예를 들어 생득설을 부인했다. 대신 로크가 지식의 기반으로 삼은 것이 경험이다.

> 마음은 이성적 추리와 지식의 모든 재료를 어디서 가져오는가? 이에 대해 나는 한마디로 경험에서라고 대답한다. 이 경험에 우리 일체의 지식은 뿌리를 갖고 이 경험에서 일체의 지식은 궁극적으로 유래한다.
> −《인간 지성론》, 오츠키 하루히코, 《세계의 명저 32 로크 흄》, 주코박스, 81쪽

로크는 인간의 마음을 '**타블라 라사**(tabula rasa, 백지 상태)'와 같다고 했다. 타블라 라사란 라틴어로 '아무것도 쓰여 있지 않은 서판'이라는 뜻이다. 즉 인간이 백지에 글을 쓰듯이 경험을 통해 다양한 사물의 관념을 손에 넣는다. 그리고 수많은 단순한 관념을 결합하여 보다 복잡한 관념의 지식도 획득한다.

이것은 많은 사람들이 납득하기 쉬운 개념이다. 그러나 지식의 기반이 경험이라고 하면 경험하는 방식은 사람마다 다르기 때문에 누구에게나 진리인 객관적인 지식을 얻을 수 있다는 보장이 없다.

로크는 이 문제를 '**일차성질**'과 '**이차성질**'이라는 생각으로 타개하려고 했다. 로크는 형태, 양, 수와 같은 **물체가 갖고 있는 수학적 속성**을 일차성질이라고 하고, 색깔이나 소리처럼 **감각 기관을 통해 얻**

타블라 라사

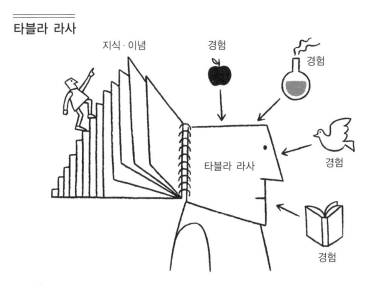

지식·이념　　경험　　경험

타블라 라사

경험

경험

을 수 있는 물체의 성질을 '이차성질'이라고 했다. 일차성질도 이차성질도 관념이라는 점에는 변함이 없지만, 일차성질은 물체의 측면에 존재하는 성질이기 때문에 그 관념은 객관적이다. 반면 이차성질은 감각 기관을 통한 관념이기 때문에 주관적인 것에 지나지 않는다.

이와 같이 수학으로 처리할 수 있는 성질을 물체 자체에 내속시킴으로써, 로크는 객관적인 지식이 성립하는 길을 확보하려고 한 것이다.

지각하지 않으면 존재하지 않는다?

이 구분에 이의를 제기한 사람이 로크보다 반세기 후에 태어난 조지 버클리(1685~1753)였다. 버클리는 철학자이자 성직자였다.

성공회 주교이기도 했던 버클리는 일차성질과 이차성질이라는 구분을 부정한다. 그는 시각이든 촉각이든 경험은 사람에 따라 다른 이상, 형태와 크기, 양 등의 수학적 성질은 물체에도 객관적으로 갖춰져 있다는 로크의 생각은 잘못됐다고 말한다.

여기서 버클리는 **'존재하는 것이란 지각된 것이다'**라는 놀라운 테제를 내놓는다. 칠흑 같은 어둠 속에서 인간은 아무것도 볼 수 없다. 비록 몇 미터 떨어진 곳에 책상이 있다 해도, 인간이 그것을 지각하지 못한다면 책상은 존재하지 않는다. 요컨대 버클리는 지각된 것만 존재한다고 말하는 것이다.

아무리 그래도 그건 극단에 불과하다고 생각하는 사람이 대부분일 것이다. 버클리의 생각대로라면 아무도 인식하지 못한 나무는 관념이 되지 않기 때문에 존재하지 않는 게 되어 버린다.

그는 이 난국을 어떻게 헤쳐 나갔을까? 비장의 카드는 신이었다. 비록 아무도 보지 않는 나무라도 신의 마음에는 모든 관념이 깃들어 있다. 즉 신은 항상 그 나무를 보고 있기 때문에 사람이 보지 못한 나무라도 **신의 관념**으로서는 존재한다는 것이다.

흄의 물음 – 무엇이 인간에게 물체의 존재를 믿게 하는가

경험론은 그 말에서 느끼는 뉘앙스와는 달리 순도가 높아질수록 관념론적으로 바뀐다. 경험을 지식 기반으로 하는 이상 사물이 객관적으로 실재하는 것을 논증할 수 없기 때문이다.

로크는 물체의 존재를 인정하는 면에서는 데카르트 쪽에 가깝다. 그것이 비물질주의자인 버클리가 되면 모든 것은 관념이 되지만, 중요한 급소에게는 신에게 도움을 청했다.

스코틀랜드의 철학자 데이비드 흄(1711~1776)은 로크와 버클리의 경험론을 더욱 진전시켰다.

그가 스물여덟 살 때 간행된 《인성론》은 당시는 이렇다 할 활약을 하지 못했지만, 서양철학사 속에서 매우 중요한 의의가 있는 책이다.

흄의 논증은 '내가 보고 있는 컵(주관)'과 '진짜 컵(객관)'이 일치하는지 의심한다. '진짜 컵의 존재'를 확인할 방법은 없다. 경험론자인 흄은 실제로 확인할 수 없는 것은 그 존재를 인정하지 않았다. 여기까지는 버클리와 공통된다.

그렇다면 버클리와 다른 점은 무엇일까? 흄의 철학을 대변하는 한 구절을 소개하겠다.

어떠한 원인이 우리에게 물체의 존재를 믿게 하는지 묻는 건 상관없지만, 그러나 물체가 있는지 없는지 묻는 건 무익한 일이다.

–《인성론》 도키 구니오 옮김, 《세계의 명저 32 로크 흄》, 주코박스, 61쪽

물체가 있는지 없는지 묻는 건 악수[54]를 두는 것이다. 그러니까 무엇이 인간에게 물체의 존재를 믿게 하는지 물어야 된다. 흄은 이런 식으로 물음을 전환했다.

그렇다면 이 물음에 흄은 어떻게 반응했을까? 흄의 핵심 개념은 '**습관**'이다. 예를 들어 지금 보이는 컵이 1초 후에 사라지지는 않는다. 5초 후에도 10초 후에도 계속 보인다. 계속 보이는 것이 원인이 되어 사람은 컵의 존재를 믿는다는 게 흄의 생각이다.

이 논증은 버클리의 약점을 잘 피하게 만든다. 버클리의 설명에서는 신을 내세우지 않는 한, 아무도 보지 않는 책상이나 컵은 존재하지 않는 것이 된다. 흄의 이론이라면 인간은 습관적으로 컵의 존재를 믿기 때문에 지각되지 않는다고 해서 컵의 존재를 의심하지는 않는다.

인과 관계 따윈 신념에 불과하다

이러한 습관으로 지식의 형성을 설명하는 흄 철학의 진면목은 '**원인과 결과의 관계(인과론)**'를 논하는 곳에 곧잘 등장한다.

예를 들어 접시를 바닥에 떨어뜨려 깨뜨렸을 경우, 인간은 접시를 떨어뜨린 것이 원인이 되어 접시가 깨지는 결과를 초래했다고 이해한다. 여기에 원인과 결과의 관계가 있는 것은 분명하다.

그러나 흄은 그 인과 관계가 분명하지 않다고 보았다. 경험한 것은 '접시를 떨어뜨렸다', '접시가 깨졌다'라는 두 가지 사건뿐이다. 그 **사이에 있는 원인과 결과 관계 자체는 경험하지 못하므로 인과 관계가 분명하다고는 말할 수 없다.**

이 발상은 매우 참신하다. 당시는 자연과학이 급속하게 발전하던 시대였다. 자연과학은 보편적 법칙을 추구한다. 보편적인 법칙이란 말하자면 '원인과 결과의 관계가 항상 성립하는 것'을 말한다. 예를 들어, 중력의 법칙이란 '물체는 늘 지면을 향해 떨어진다'는 것을 공식화한 것이라고 할 수 있다.

그렇다면 왜 인간은 원인과 결과라는 관계로 사물을 이해하는 것일까? 이것도 흄은 습관의 문제로 보았다. 접시를 떨어뜨려 깨뜨린 경험이 여러 번 반복되다 보면 '접시를 떨어뜨렸기 때문에 깨졌다'는 식으로 원인과 결과로 이해하게 된다는 것이다.

따라서 모든 인과 관계도 진리라 할 수는 없으며 확실성만 있다. 흄은 인간의 정신활동 속에서 이것은 참이고 저것은 거짓이라는 식의 절대적으로 확실한 지식이란 있을 수 없고, 확실한 것처럼 보이는 것, 즉 개연성만이 신념이나 행동의 유일한 지침이 될 수 있다고 보았다.

"인간이란 생각조차 할 수 없는 속도로 잇따라 일어나고 끊임없이 변화하고 계속 움직이는 다양한 지각의 다발 또는 집합임에 틀림없다"(《인성론》도키 구니오 옮김, 《세계의 명저 32 로크 흄》, 주코박스, 471쪽)라는 말에서 알 수 있듯이, 정신조차도 실체가 아니라 지각하는 경험의

---

54 바둑이나 장기에서 잘못 두는 나쁜 수.

'접시를 떨어뜨리면 깨진다'는 인과 관계는 습관에 의한 신념?

첫 번째

접시를 떨어뜨린다　　　　　깨진다

× 번째

몇 번 떨어뜨려도…　　　　　깨진다

원인　　　　　　　　　　결과

집합에 불과하다고 생각한 것이다.

이처럼 흄은 경험론을 철저하게 파고들어 정신과 물체, 인과의 실재를 부정했다. 그러나 그렇다고 해서 흄이 자연과학을 쓸모없다고 생각한 것은 아니다. 반대로 흄의 의도는 경험적인 지식에 대한 신뢰를 보여주는 데 있었다.

절대적인 진리가 없는 이상 인간이 취급할 수 있는 것은 경험적인 지식뿐이다. 그렇다면 관찰과 실험을 통해 얻을 수 있는 개연적 이론과 지식을 신뢰하는 수밖에 없다.

더 나아가 흄은 정념이나 도덕에 관해서도 후세에 중요한 시사점을 제공하는 논의를 전개했다. 예를 들어 '이성은 정념의 노예다'라는 감정 우위의 도덕론은 현대의 도덕심리학보다 앞선 것이었다. 흄의 철학은 지금도 여전히 현실적인 문제의식과 함께 해석되고 있다.

정답과 해설

여기까지의 설명을 읽으면 (가)는 버클리, (나)는 로크, (다)는 흄의 사상을 설명하고 있다는 것을 알 수 있다. 결정적인 함정은 베이컨이므로 답은 ❼이다. 이 절을 복습하는 개념으로 다시 한 번 제시문에 있는 세 문장을 잘 읽어보기 바란다.

2-5 정언명법이란 무엇인가?
칸트의 인식론과 도덕론

대륙 합리론, 영국 경험론에 이어 이 절에서는 유명한 사람이 등장한다. 바로 칸트다. 칸트의 도덕론은 '정언명법(定言命法)'이라는 유명한 도덕 원칙이 있는데, 다음 [문제 13] 은 구체적인 사례를 통해 이 정언명법을 이해하고 있는지 묻는 문제다. 철학의 추상적인 개념을 파악하기 위해서는 이 문제처럼 구체적인 사례를 생각해 보는 것이 도움이 된다. 이 절을 읽고 난 후에는 꼭 스스로도 정언명법의 예를 생각해 보기 바란다.

[문제 13] 칸트는 무엇보다 인격을 존중해야 한다는 생각을 정언명법의 형태로 다음과 같이 표현했다. 이 정언명법의 이해로 가장 적합한 것 하나를 ❶~❹ 중에서 고르시오.

너의 인격과 다른 모든 사람의 인격 안에 있는 인간성을 항상 동시에 목적으로 취급하고, 결코 단순히 수단으로 취급하지 않도록 행동하라. (칸트《도덕 형이상학 원론》)

❶ 자녀가 있는 활기 있는 가정을 만들기 위해 결혼하는 것은 남편은 아내를, 아내는 남편을 출산의 수단으로 여기게 된다. 서로를 존중하고 있다 하더라도 결코 이러한 의도로 결혼해서는 안 된다.

❷ 자원 봉사 활동이라도 유명인이 시설을 방문하는 것은 시설의 어린이와 노인을 자기 홍보의 수단으로 삼으려는 측면이 있다. 어린이와 노인을 소중히 하는 자세가 수반되지 않으면 그러한 방문 활동은 결코 해서는 안 된다.

❸ 참고서를 구입하기 위해서라 하더라도 부모에게 돈을 요구하는 행위는 부모를 목적을 위한 수단으로 삼는 것이므로 결코 해서는 안 된다. 아르바이트를 해서 돈을 모아 필요한 것은 직접 구입해야 한다.

❹ 미래의 취업을 생각하고 대학에 응시하는 것은 자신과 가족의 이익을 위해 자기 자신을 수단으로 이용하는 행위라고 할 수 있다. 자신의 교양을 높이려는 순수한 동기가 아니라면 결코 대학에 가서는 안 된다.

(2003년 센터 추가시험 제2문·문제 5)

흄의 일격

임마누엘 칸트(1724~1804)는 동프로이센의 수도 쾨니히스베르크(현 러시아 령 칼리닌그라드)에서 태어났다. 당시 독일은 유럽의 후진 지역으로 하나의 나라로 통일되어 있지 않았다. 이웃 나라 프랑스에서는 계몽주의가 석권했으며 칸트의 말년에는 프랑스 혁명이 일어난다. 칸트는 그런 유럽의 격동기를 살았던 철학자다. 앞 절에서 보았듯이, 영국 경험론의 완성자로 여기는 흄은 자연과학의 토대가 되는 원인과 결과의 개념조차 경험의 반복으로 생기는 신념에 지나지 않는다고 생각했다.

칸트는 흄의 저작을 읽고 "독단의 선잠에서 깨어났다"고 저서 《프로레고메나(형이상학서설)》에서 고백한다. 즉 칸트 자신도 무비판적으로 원인과 결과라는 개념을 받아들였던 것이다.

그러나 흄의 철학을 인정해 버리면 과학의 객관성이 위태로워진다. 흄에게는 자연과학의 토대가 되는 원인과 결과의 개념이 객관적인 지식이라 말할 수 없게 돼 버리기 때문이다.

물론 그렇다고 해서 대륙 합리론처럼 세계와 자연이 수학적인 질서로서 실재하는 것을 전제로 할 수는 없다. 그것이야말로 '독단'이다.

그래서 칸트는 다시 《순수이성비판》에서 **인간이 사물을 인식하는 구조를 되물었다.**

인식의 선글라스 효과

칸트는 《순수이성비판》의 서론에서 "우리의 모든 인식이 경험과 함께 시작하더라도 모든 인식이 경험에서 나오는 것은 아니다"라고 말했다. 대체 이것은 무엇을 의미할까?

자신의 주위를 빙 둘러보기 바란다. 책상, 의자, 가방, 책장에 꽂혀 있는 책, 컴퓨터, 휴대전화 등 실로 다양한 물건이 눈에 들어온다. 만약 우리의 인식이 카메라라면, 매순간마다 셔터를 눌러 대량의 사진을 촬영할 수 있다.

그러나 각각의 사진이 대량으로 있는 것만으로는 인식은 성립하지 않는다. 예를 들어, 눈앞에 있는 컴퓨터와 뒤에 있는 휴대전화가 같은 공간에 있다는 것을 사진만으로는 알 수 없다. 또한 컴퓨터를 보다가 뒤를 돌아보았다고 하는 시간적 순서도 모른다. 그러므로 경험을 통해 외계의 데이터가 들어오는 것만으로는 인식이 성립하지 않는 것이다.

칸트는 **이러한 데이터는 인간이 선천적으로 갖고 있는 인식의 틀을 통해 처리**된다고 생각했다. 이 인식의 틀에는 '**감성의 형식**'과 '**오성의 범주**'라는 두 종류가 있다.

'감성의 형식'이란 사물을 시간과 공간이라는 형식으로 파악하는 틀을 말한다. 칸트가 말하는 감성이란 시각이나 청각과 같은 오감을 말하는 것이라고 생각하면 된다. **인간은 먼저 외계의 데이터를 감성을 통해 시간과 공간이라는 틀(형식)로 처리**한다. 그러나 시간과 공간의 틀로 늘어놓아서는 데이터를 이해할 수 없다. 예를 들어 사과를 시간과 공간으로 파악해도 그 사과가 접시와는 분리된 '하나'의 사과라는 것까지는 이해하지 못한다는 것이다.

그래서 오성(悟性)이 등장한다. 오성이란 **사물을 개념적으로 이해하는 능력**을 말한다. 오감을 통해 시간과 공간으로 질서 있게 정리된

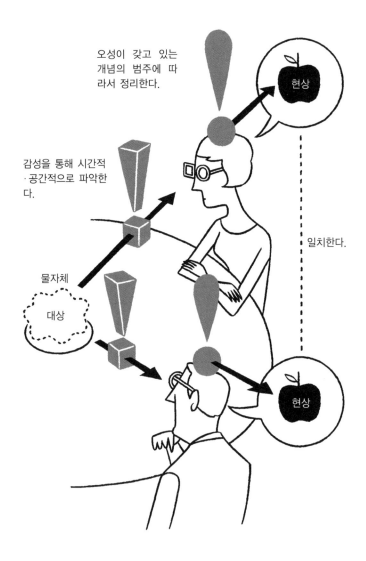

소재 데이터는 계속해서 **오성이 갖고 있는 다양한 개념의 카테고리**(양과 질, 원인과 결과의 관계)**에 따라 정리되어 나갈 것이다.**

칸트는 이러한 인식의 구조를 '**인식이 대상에 따르는 것이 아니라, 대상이 인식에 따른다**'고 표현했다. 그리고 이 발견을 천동설에서 지동설로 이론을 전환시킨 코페르니쿠스의 이름을 따서 스스로 '코페르니쿠스적 전회'라고 평했다. 인간의 인식은 자연의 다양한 사물의 모습을 수동적으로 받아들이는 것이 아니라 오히려 인간의 인식 틀이 자연의 사물을 질서 있게 이해한다는 것이다.

비유하자면, 인간은 똑같은 인식 능력을 가진 선글라스를 끼고 세계를 인식한다. 그렇다면 '선글라스를 끼고 보는 세상'이라는 조건 아래서는 객관적인 지식이 성립한다. 인간은 다 같은 선글라스를 끼고 있기 때문에 대상을 똑같이 객관적으로 파악할 수 있다는 것이다.

그리하여 칸트 철학은 영국 경험론이 이끌어낸 세계의 불확실성에서 확실한 지식을 건져냈다.

인식과 이성의 한계를 구분한다

그러나 우리 인식의 틀을 통해 드러난 사과는 사과 그 자체가 아니다.

칸트는 인식의 틀을 통해 파악된 사과를 '**현상**'이라고 하고, 사과 자체를 '**물자체**[55]'라고 불렀다.

현상의 세계에서는 인간의 객관적인 지식이 성립한다. 하지만 인

---

55 사물의 본질 그자체로서 경험을 뛰어넘음.

간은 사과 자체라고 하는 물자체(진실의 세계)를 인식할 수 없다. 이렇게 하여 칸트는 인식의 조건을 분명히 함으로써 인식 능력의 한계를 구분했다.

동시에 칸트는 이성의 능력에도 브레이크를 걸었다. 여기서 말하는 이성이란 신의 존재와 우주의 시작, 인간의 자유 등 경험을 초월하는 진리를 논리적으로 구하고자 하는 능력을 말한다.

결론을 먼저 말하자면, 칸트는 신의 존재 여부와 같은 형이상학적 문제에는 이성이 대답을 끌어낼 수 없다고 생각했다. 인간의 순수한 이성은 신이나 영혼, 우주 같은 경험의 저편에 있는 세계를 알고 싶어 한다. 그러나 인간의 이성으로는 그것을 논증할 수 없다. 《순수이성비판》이라는 책 제목에는 **이성의 기능을 생각하고 그 한계를 구별한다는 내용**이 함의되어 있다.

정언명법의 사례

칸트는 '인간은 무엇을 해야 하는가'라는 윤리학에 관해서도 중요한 논의를 전개했다. 여기서는 문제 속의 **'정언명법'**에 초점을 맞춰 설명해 나가기로 한다.

정언명법의 반대말은 가언명법(假言命法)이다. **가언명법**은 '~라면, ~해라'라는 조건부 명령을 말한다. 예를 들어, '용돈을 받고 싶으면 공부해라'라는 것은 가언명법이다. 이에 반해 정언명법은 **무조건 '~해라'라고 명령하는 것**을 말한다.

칸트는 도덕적으로 선한 행위란 다음과 같은 정언명법에 따르는 것이라고 말한다. 정언명법에는 몇 가지가 있는데, 두 가지를 소개한다.

① 그대 의지의 격률(格率)이 항상 동시에 보편적인 법칙으로서 타당할 수 있게 행동하라(《실천이성비판》).

② 너의 인격과 다른 모든 사람의 인격 안에 있는 인간성을 항상 동시에 목적으로 취급하고, 결코 단순히 수단으로 취급하지 않도록 행동하라(《도덕 형이상학 원론》).

①의 '격률(格率)'이란 스스로 정한 행동 원칙을 말한다. 따라서 ①은 자신의 행동 원칙이 누구나 해야 할 행동 규범이 되도록 행동하라는 의미다.

②는 어렵게 말하고 있지만, 말하고자 하는 것은 간단한다. 즉, 타인을 수단으로 삼아서는 안 된다는 것이다.

예를 들어, 친구에게 공부를 가르치는 경우를 생각해 보자. 이때 자신의 머리가 좋다는 것을 내보이기 위해 가르친다면, 그것은 친구를 수단으로 삼는 것이다. 그렇지 않고 친구가 '이해하고 싶다'는 마음에 경의를 표하고, 두 사람이 함께 잘 살기 위해 공부를 가르쳐 주어야 한다고 칸트는 말한다.

칸트가 생각하는 자유

이러한 정언명법에서 알 수 있듯이, 칸트는 아무리 외견상으로는 도덕적인 행위로 보여도 거기에 선을 이루려는 의지가 뒤따르지 않으면 도덕적 행위라고는 볼 수 없다고 생각했다.

여기에는 칸트의 자유에 대한 생각이 잘 나타나 있다. 칸트가 생각하는 인간의 자유란 마음대로 하고 싶은 일을 하는 것이 아니다. 욕망에 따라 쾌락을 추구하는 삶은 자연의 생리[56]에 지배된다는 의미에서 자유라고는 할 수 없기 때문이다.

그렇다면 칸트가 생각하는 자유는 무엇일까? 그것은 **자연의 생리에 굴하지 않고 스스로 결정한 일을 이룰 수 있는 자유**이다. 따라서 칸트에게는 의지하는 것이 매우 중요한 의미를 갖는다.

앞에서 말한 정언명법도 무조건 의무를 따르려 하는 것이므로 자유이다. 예를 들어, 자신이 친절한 대우를 받고 싶으니까 친구에게도 친절하게 대하는 것은 칸트에게는 도덕적이지 않다. 특정 조건이나 목적을 위해 행하는 행동은 자유로운 행위라고는 할 수 없기 때문이다.

정언명법이란 실천 이성(해야 할 일을 판단하는 이성)의 명령이다. 따라서 친구가 자신에게 친절하게 대하든 불친절하게 대하든 무조건 친구에게 친절한 것이 칸트가 말하는 선한 의지를 동반한 도덕적 행위이다.

인간의 자유는 자연 법칙을 넘어 실천 이성의 명령에 따라 자율적으로 선을 행할 수 있는 점에 있다. 앞에서 언급한 것처럼 인간의 인식 능력은 자연을 법칙적으로 이해하도록 되어 있지만 동시에 물자체(진리의 세계)는 인식할 수도, 논증할 수도 없는 곳에 이성의 한계가 있었다. 하지만 인간의 행동은 다르다. 인간은 자연 법칙에 굴하지 않고 자유 의지를 바탕으로 선을 이룰 수 있다. 거기서 칸트는 인간의 존엄성을 본다.

이 문제는 함정이 있는 선택지에 주의해야 한다. 칸트의 정언명법은 자신과 다른 사람을 '단순히 수단으로 취급하지 않도록 행동하라'고 말하는 것이지, 수단의 요소를 일체 금지한 것은 아니다. 이 점에 유의하여 선택지를 살펴보면, ❶은 '서로를 존중하고' 있으므로 정언명법에서 벗어나지 않았다. 따라서 '이러한 의도로 결혼해서는 안 된다'라고는 할 수 없으므로 옳지 않다. ❷는 자원 봉사 활동을 자기 홍보의 수단으로 여겨서는 안 된다는 취지이므로 정언명법에 적용된다. ❸은 부모에게 돈을 요구하는 일에 수단의 측면이 있다 해도, 부모에 대한 존경과 감사가 있다면 정언명법의 범주에 들어간다. 그러므로 '결코 해서는 안 된다'고는 말할 수 없으므로 옳지 않다. ❹도 수단으로 삼는 행동을 일절 금지한 것으로 해석하는 점이 옳지 않다. 따라서 정답은 ❷이다.

---

56 습성이나 본능.

2-6 이상적인 공동체는 어떻게 탄생할까?

헤겔의 역사관

다음 문제 14 는 게오르크 헤겔(1770~1831)이 주창한 중요한 개념인 '인륜'에 대해 묻는 문제다. 이 개념은 법과 도덕을 논한 《법의 철학》이라는 저작 속에 등장한다. 이 절에서는 이 문제를 토대로 헤겔 철학의 특징인 변증법에 입각하여 인륜을 살펴보고자 한다.

문제 14 헤겔은 인륜이라는 개념으로 도덕을 다시 생각했다. 헤겔의 인륜에 대한 설명으로 가장 적합한 것 하나를 다음 ❶~❹ 중에서 고르시오.

❶ 욕망의 체계인 시민사회에서는 자립한 개인이 자신의 이익을 자유롭게 추구하는 경제 활동을 영위하는 가운데 내면의 도덕적 소양도 길러지기 때문에 인륜이 완성된다.

❷ 인간에게 객관적이고 외면적인 규범인 법률과 주관적이고 내면

적인 규범인 도덕은 대립하는 단계를 거쳐 최종적으로는 법과
도덕을 함께 활용하는 인륜 속에 종합된다.

❸ 국가에 의해 결정되는 법은 인간의 내면적 도덕과 대립하고, 자
립한 개인의 자유를 방해하는 것이므로 국가 아래에서 사람들
이 법질서에 따를 때는 인륜의 상실 상태가 발생한다.

❹ 부부나 부모 자식 등 자연스러운 애정관계인 가족제도 하에서
는 국가나 법질서 아래에서 잃어버린 개인의 자유와 도덕이 회
복되어 인륜이 완성된다.

(2018년 센터 본시험 제4문·문제 1)

독일 관념론의 등장

칸트 이후 요한 고틀리프 피히테(1762~1814), 프리드리히 시링
(1775~1854), 헤겔 등을 중심으로 19세기 중반까지 전개된 독일 철학
을 일반적으로 **'독일 관념론'**이라고 한다. 다만 이 시기의 독일 철학
을 '관념론'이라고 하나로 묶는 데 많은 이의가 제기되었다. 하지만
여기서는 일반적인 이해에 따라 **자아나 정신 등 관념적인 것으로 세
계를 설명하는 경향이 강한 철학**으로서 독일 관념론을 받아들이기로
한다.

데카르트와 로크가 개척한 근대철학에서는 '인간의 지성은 어디까
지 대상을 인식하는가'라는 인식론이 논쟁의 주전장이 되었다. 그리
고 앞 절에서 거론한 칸트의 철학은 인간의 지성이 밝힐 수 있는 것
은 경험적인 세계(현상계)까지이며, 신의 존재나 우주의 유한성, 영혼

의 불멸 등 경험을 뛰어넘은 '물자체'의 세계를 인간은 논리적으로 해명할 수 없다는 것을 논증했다.

그러나 독일 관념론 철학자들이 **'현상계'와 '물자체'라는 구분에 의문을 제기하면서 양자의 선긋기를 부정하려는 철학**이 차례로 등장했다. 그 완성형으로 자리매김한 것이 헤겔의 철학이다.

헤겔이 그린 정신의 성장 이야기

헤겔의 철학에서는 **'정신'**이라는 개념이 특별히 중요한 의미를 갖는다. 왜냐하면 정신은 단지 사물을 인식할 뿐만 아니라, 자기 자신을 반성하는 능력도 동반하기 때문이다. 예를 들어 식사를 할 때, 열중해서 먹을 수도 있지만 '식사를 하고 있는 자신'을 생각할 수도 있다. 지금 좀 품위 없게 먹고 있다며 반성할 수도 있다. 즉, 대상에 몰입할 뿐만 아니라 **행위 자체를 되돌아보고 반성적인 의식**을 가질 수 있다는 것이다.

헤겔의 저서 《정신 현상학》은 이러한 반성적인 사고를 양식으로 해서 **정신이 의식 → 자의식[57] → 이성으로 성장해가는 과정**을 그렸다. 그런 점에서 《정신 현상학》은 정신을 주인공으로 하는 성장 소설처럼 읽을 수 있는 작품이다.

헤겔이 그리는 정신의 성장 과정은 칸트의 철학과 비교하면 잘 알 수 있다. 칸트의 경우 인간이 자연의 법칙을 이해할 수 있는 것은 인간에게는 자연 법칙으로 이해하는 인식의 틀이 갖춰져 있기 때문이었다. 인간은 누구나 자연과학의 선글라스를 끼고 있다. 반대로 말하면, 이 선글라스는 벗을 수 없기 때문에 자연 그 자체의 모습을 인식할 수는 없다.

그에 반해 헤겔이 그리는 정신의 성장이란 **선글라스의 기능이 확대해 가는 것**을 의미한다. 예를 들어, 비전문가가 보는 사과와 농부들이 보는 사과는 당연히 농부가 더 사과에 대해 많은 것을 알아낼 수 있을 것이다. 왜냐하면 정신이 성장하는 것은 대상(사과)이 그 모습을 바꾸어가는 것이기도 하기 때문이다.

더구나 그 대상은 물리적 자연으로 한정되지 않는다. 자신이라는 존재, 타인과의 인간관계나 사회제도, 문화, 종교 등 세상의 온갖 사실과 현상이 정신(선글라스)의 성장과 함께 이해되어 간다. 따라서 **내 정신이 성장하여 세계를 많이 알면 알게 될수록 세계의 측도 새로운 양상을 띠게 된다.**

세계사는 자유가 확대되어가는 과정이다

헤겔 철학의 특징은 이러한 정신의 성장을 **역사의 발전**으로 그려낸다는 점에 있다.

헤겔이 생각하는 정신의 본질은 자유이며, 세계사란 바로 자유 개념의 발전이다(《역사 철학 강의(하)》, 하세가와 히로시 옮김, 이와나미문고, 373페이지). 예를 들어 고대 동양에서는 오직 전제 군주만 자유로웠던 반면, 고대 그리스에서는 몇몇 시민들이 자유를 누렸다. 그 후 근대 사회가 되자 신분제가 붕괴하고 만인에게 자유가 보장되었다.

이처럼 자유가 확대해 가는 역사를 헤겔은 '**세계정신**'이라는 개념

---

57 타인과 구별되는 자기에 대한 의식.

으로 표현했다. 세계정신이란 역사를 통해 드러나는 정신을 말한다. 이렇게 말하면 초자연적인 이야기로 들릴지도 모르지만, 우리도 헤겔과 같은 의미로 정신이라는 말을 자주 사용한다. 예를 들어, '도요타의 정신', '20세기 정신', '고대 그리스 정신'이라는 식으로 정신은 집단이나 시대에 깃드는 것이기도 하다. 그것을 역사 전체로 확대한 것이 세계정신이다.

1806년에 헤겔은 독일에 침입하는 나폴레옹을 목격하고 '오늘 나는 말 위의 세계정신을 보았다!'라고 편지형식으로 표현했다. 세계정신은 각 시대에 유명 무명인 사람들의 행위를 통해 자신의 본질인 자유를 실현해 나가는 것이다.

헤겔의 대명사 '변증법'

그렇다면 정신은 어떤 구조로 성장하는 것일까? 그것을 설명한 것이 헤겔의 대명사라고도 할 수 있는 **변증법**이다.

헤겔의 변증법은 일반적으로 **정-반-합**(正反合)으로 설명된다. 어떤 주장(정)에 대해 그에 반하는 주장(반)이 대립되고 그 양자를 고차원에서 통합(합)하는 것이 변증법이다. 그리고 이 '합(合)'의 부분(모순을 통합하는 것)을 '아우프헤벤(지양)'이라고 불렀다.

헤겔은 식물의 성장을 예로 들어 변증법의 이미지를 다음과 같이 그려냈다.

꽃봉오리는 꽃이 피면 사라진다. 그래서 꽃봉오리는 꽃에 의해 부정된다고 말할 수도 있을 것이다. 마찬가지로 과실에 의해 꽃은 식물의 위조된 디자인이라고 선고되고, 그 결과 식물의 참으로서 열매가 꽃을 대신하여 등장하게 된다.

-《정신 현상학(상)》 가시야마 긴지로, 헤이본샤 라이브러리, 18쪽

꽃봉오리(정)는 꽃봉오리라는 것이 부정되어(반) 꽃이 된다(합). 마찬가지로 꽃(정)도 또한 꽃이라는 것이 부정되어(반) 과일이 된다(합). 이 예에서 알 수 있듯이 변증법에서 중요한 점은 모든 사물은 **부정을 원동력으로 발전해 나간다**는 데 있다.

정신의 성장도 마찬가지다. 단순히 사과와 빨간색이라는 것을 모르는 유아는 사과를 봐도 '뭔가가 있다'고밖에 생각하지 않는다. 그 단계에서 '빨간 사과가 있다'고 지각할 수 있게 되기 위해서는 '뭔가가 있다'고 하는 소박한 감각을 부정해야 한다.

인륜이란 '이상 공동체'

변증법의 구체적인 예로 헤겔의 '인륜(윤리)'에 관한 논의를 살펴보자. 헤겔이 생각하는 세계사란 세계정신이 자유를 실현해가는 과정이었다. 따라서 헤겔은 **사회 속에서 자유를 뿌리 내리게 하는 제도나 조직이 있어야 한다**고 생각한다. 이 점은 오로지 자유를 개인 내면의 문제라고 파악한 칸트와는 대조적이다.

실제로 헤겔은《법의 철학》에서 "법의 체계는 실현된 자유의 왕국이며, 정신 자체에서 만들어진 제2의 자연으로의 정신세계다"(《법의 철학 I》후지노 와타리·아카자와 마사토시, 주오코론신샤, 65쪽)라고 말한다. **즉 헤겔이 말하는 법이란 자유를 추구하는 인간의 정신이 만들어낸**

제도다. 그리고 《법의 철학》에서는 법도 또한 변증법적으로 전개해 나간다.

법은 먼저 외면적인 법의 형식으로 나타난다. 객관적인 법은 인간의 자유로운 행동을 보장하지만 법이 있다고 해서 인간의 자유가 사회적 선과 연결되는 것은 아니다. 그래서 정신은 외면적인 법을 부정하고 내면적인 도덕률에 눈을 돌린다. 앞 절에서 설명한 칸트의 정언명법이 그 전형이다. 알기 쉽게 말하자면, 사회적인 문제는 시야 밖에 두고 오로지 자신이 도덕적으로 살면 된다고 생각하는 것이다.

객관적인 법과 그것을 부정하는 주관적인 도덕, 이 양자가 변증법적으로 통합된 방식을 헤겔은 '인륜'이라고 했다. 인륜이란 개인의 내면인 도덕과 사회 전체의 질서를 만드는 법이 모순 없이 공존하는 공동체이며, 말하자면 다양한 인간이 상호 자유를 인정하는 것을 말한다.

가족·시민사회·국가

그렇다면 인륜이란 구체적으로 어떤 장소일까? 헤겔은 인륜이 '가족 → 시민사회 → 국가'처럼 변증법적으로 전개된다고 말한다.

가족은 사랑이라는 자연스러운 감정으로 맺어진 공동체다. 헤겔은 '사랑이란 대체로 나와 타인이 일체라는 의식이다'라고 말한다. 이 일체적 공동체 속에서 그 구성원은 서로의 인격을 존중한다. 가족이라는 공동체는 외면적인 규칙과 내면적 도덕 감정이 명확하게 나뉘지 않고 통합되어 있다.

그러나 가족은 전근대적인 인륜의 모습이며, 근대사회에 들어서자

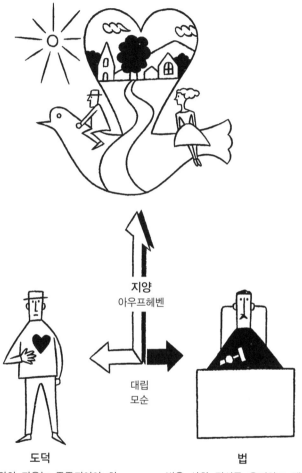

인륜

진정한 자유의 실현

지양

아우프헤벤

대립
모순

도덕

개인 내면의 자유는 존중되어야 하지만 도덕은 주관적인 신념에 지나지 않기 때문에 사회성이 부족하다.

법

법은 사회 질서를 유지하고 객관적인 자유를 보장하는 것이지만 개인의 내면에는 소홀하다.

가족이라는 공동체의 원리는 부정되고 '**시민사회**'로 이행되었다. 왜냐하면 가족의 원리대로라면 개인이 독립적으로 스스로의 자유를 추구할 수 없기 때문이다.

시민사회의 원리는 '욕구 체계'이다. 시민사회에서는 개개의 인간은 자신의 욕구를 충족시키는 것을 목적으로 활동한다. 그러나 자급자족 생활로 돌아갈 수는 없기 때문에 개개인은 타인에게 의존하지 않으면 자신의 욕구를 충족시킬 수 없다.

예를 들어, 채소를 먹고 싶다면 채소를 재배하는 농가, 채소를 파는 채소 가게와 슈퍼마켓에서 일하는 사람들의 도움을 빌려야 한다. 이러한 경제적인 관계가 성립하기 위해서는 법률의 정비도 필요하다. 따라서 시민사회에서는 경제활동을 통해 소유권 보호 같은 규칙이 정비되고 사람들이 서로 연결되어가는 것이다.

그러나 개인의 자유로운 경쟁을 취지로 하는 시민사회 속에서는 필연적으로 빈부 격차가 발생하게 된다. 헤겔의 말을 살펴보자.

> 시민사회는 이러한 대립적인 관계들과 그 뒤엉킴으로 인해
> 방탕한 향락과 비참한 빈곤의 광경을 보여주는 동시에, 육
> 체적 혹은 윤리적인 퇴폐 광경을 드러낸다.
>
> ―《법의 철학 Ⅱ》, 후지노 와타리·아카자와 마사토시, 주오코론신샤, 95쪽

시민사회에서는 가족 속에 있던 인격적인 관계가 사라져 버린다. 인격적인 관계를 잃고 윤리적으로 퇴폐를 보이는 시민사회를 헤겔은 '인륜의 상실태'라고 불렀다.

빈곤을 비롯한 다양한 사회문제를 안고 있는 시민사회에서는 복지

행정이나 직업단체 등이 개인의 이익을 관리하고, 가난한 사람들에 대한 경제적 구제에 나설 필요가 생긴다. 그 역할을 담당하는 것은 **국가**다. 즉, 욕구의 체계를 원리로 하는 시민사회는 자신도 모르게 국가를 향해 전개하는 계기를 내포하고 있다.

그러나 헤겔이 이상으로 하는 이성국가는 규칙에 의거해 복지를 행하는 것만으로는 불충분하다. 이성국가 아래에서 국민은 법에 의해 가족처럼 연결되어 있어야 한다. 즉 시민사회적인 개인의 자율성과 가족이 갖는 일체성이 지양된 곳이 이성국가이며, 이러한 국가의 모습을 헤겔은 '**인륜의 최고 형태**'라고 불렀다. 헤겔은 이러한 국가라는 단계에서 비로소 진정한 자유가 실현된다고 생각했다.

그리고 여기서 연상되는 국가란 계몽적 개혁이 진행될 당시의 프로이센을 말한다. 젊은 날의 헤겔이 세계정신을 알아차린 때, 나폴레옹은 얼마 지나지 않아 실각하고, 19세기 전반은 보수 반동적인 빈 체제가 유럽을 지배한다. 당시 독일에서는 빈 체제에 대한 자유주의적 개혁과 독일 통일을 요구하는 운동이 전개되었다. 이러한 상황 속에서 헤겔은 자신의 이념을 프로이센 왕국에 투입했다.

정답과 해설

지금까지 설명한 바와 같이, '인륜'이란 외면적인 법과 내면적 도덕이 지양된 것이다. 이것을 이해하고 있으면 정답은 ❷임을 알 수 있다. ❶은 '욕망의 체계인 시민사회에서' '인륜이 완성된다'고 되어 있는 부분이 옳지 않다. ❸은 '국가에 의해… 인륜의 상실 상태가 발생한다'고 되어 있는 부분이 옳지 않다. 인륜의 상실 상태가 생기는 것은 시민사회다. ❹는 가족 제도 하에서 '인륜이 완성된다'는 점이 옳지 않다.

비뚤어진 철학자들이
당연한 것을
의심하기 시작했다

근대 비판의 철학

Ⅲ장 관련 연표

연대	주요 사건	주요 철학자
1823	먼로 선언	키르케고르(1813~1855) 마르크스(1818~1883) 퍼스(1839~1914) 제임스(1842~1910)
1848	프랑스, 이월혁명	니체(1844~1900)
1853 ~1856	크림 전쟁	소쉬르(1857~1913) 듀이(1859~1952)
1861 ~1865	남북전쟁	후설(1859~1938)
1871	독일제국 성립	야스퍼스(1883~1969) 하이데거(1889~1976) 비트겐슈타인(1889~1951) 사르트르(1905~1980)
1914 ~1918	제1차 세계대전	
1917	러시아 혁명	
1922	소비에트 사회주의 연방 공화국 수립	푸코(1926~1984) 들뢰즈(1925~1995) 하버마스(1929~) 데리다(1930~2004)
1939 ~1945	제2차 세계대전	
1945	국제연합 성립	
1962	쿠바 위기	
1968	프랑스, 5월 혁명	

이 장에서는 헤겔로 대표되는 근대철학에 반기를 든 철학자들을 살펴보겠다. 이들의 철학을 '**근대를 비판한 사상**'으로 한데 묶을 수도 있다. 근대에는 당연시됐던 일을 많은 철학자들이 의문을 제기했기 때문이다.

19세기는 서양에서 산업화와 대중화가 진전되어 가던 시대다. 이와 함께 자본주의가 가져온 빈부 격차와 공장의 열악한 노동 환경, 획일적인 가치관을 따르는 익명적인 대중의 출현 같은 나쁜 여파도 생기게 되었다. 이러한 상황은 자유의 발전으로서 역사를 파악한 헤겔 철학에 대한 회의도 낳았다.

1810년대에 태어나 같은 세대인 키르케고르와 마르크스는 청년기에 헤겔 철학에 감염되었다는 점에서 공통점을 찾아볼 수 있다. 그리고 두 사람 다 헤겔에 대한 비판을 통해 독자적인 사상을 만들어 간다.

그러나 두 사람의 사상은 매우 대조적이다. 키르케고르는 철두철미, 개별적인 '나'의 실존에 집착해 실존주의의 선구가 된 반면(3-5 참조), 마르크스는 자본의 생성과 운동을 해명한 끝에 공산주의 사회를 구상했다(3-1 참조). 말하자면 키르케고르는 **개인적인 차원의 사상**이고 마르크스는 **사회변혁을 위한 사상**을 내놓은 셈이다.

키르케고르를 출발점으로 하는 **실존주의**는 20세기에 들어와 사르트르에 의해 세계적인 유행 사상이 되었고(3-5 참조), 마르크스의 사상은 **마르크스주의**라는 이름 아래 인문학이나 사회과학의 바탕을 이루는 정식 이론으로 수용되었다. 20세기 전반이었던 그 당시 마르크스주의와 실존주의는 빛나는 현대사상이었던 것이다.

그런데 마르크스나 키르케고르보다 서른 살 정도 연하였던 니체는 근대철학은커녕 소크라테스 – 플라톤 이후 서양 형이상학[58]을 철저하게 비판하며 '**신의 죽음**'과 진리의 죽음을 선고한다. 그 후에 찾아온 것이 니힐리즘이며, 니힐리즘을 극복하기 위해 니체는 의미 상실의 세계를 굳이 받아들이는 '**초인**'의 **사상**을 주창했다(3-2 참조).

한편 미국에서는 니체와 거의 같은 세대의 퍼스와 제임스를 효시로 **프래그머티즘 사상**이 탄생한다. 프래그머티즘은 사변적인 형이상학[59]에 이의를 제기하며 지식과 신념이 가져다주는 효과나 결과에서 진리를 끌어내야 한다고 주장한다. 니체처럼 진리를 파괴하는 것이 아니라, 민주주의나 자본주의의 발전을 촉구하도록 진리라는 개념을 개조한다. 실험정신이나 개척 정신이 풍부한 미국 특유의 사상이라고 할 수 있다(3-3 참조).

20세기를 대표하는 철학자로서 쌍벽을 이루는 하이데거와 비트겐슈타인은 근대철학의 구도를 근본적으로 바꿔놓았다.

키르케고르와 니체에게 큰 영향을 받은 하이데거는 근대철학이 시야에서 제거해버린 '존재' 자체의 의미를 묻는 **존재론**이야말로 철학의 근본적인 과제라고 인식한다. 근대 비판이라는 맥락에서는 과학

기술을 비판하는 일이 중요하다. 하이데거는 현대의 과학기술이 인간과 자연을 거대한 생산 시스템에 몰아넣은 것을 비판한다. 그것은 존재의 의미를 은폐하게 되기 때문이다(3-4 참조).

비트겐슈타인은 영미권에서 주류가 되어가는 **분석철학**의 형성에 결정적인 영향을 준 철학자다. 철학 내용은 전기와 후기가 크게 다르지만 모두 **'언어'에 초점이 맞춰져 있다는 점**에서 공통점이 있다. 근대철학이 이성과 의식, 정신 등을 중심으로 논의를 전개해나간 반면, 비트겐슈타인은 언어를 철학의 중심으로 끌어들인 것이다(3-6 참조). 이 책에서는 다루지 않지만, 현대 사상의 중요한 개척자로 자리매김하는 소쉬르의 언어학과 함께 20세기 철학의 축을 언어의 방향으로 크게 바꾼 것이었다.

---

58 경험 세계인 현실 세계를 초월하여 그 뒤에 숨은 본질, 존재의 근본원리를 체계적으로 탐구하려는 학문.
59 경험이 아닌 순수한 사고나 이성만으로 본질과 존재의 근본원리를 탐구함.

3-1 자본주의 사회는 왜 비판을 받는가?

마르크스의 유물사관

먼저 논하고자 하는 사람은 마르크스다. 아래에 인용된 문제는 마르크스가 자본주의 사회를 어떻게 비판했는지 묻는 것이다. 이 문제를 의식하면서 마르크스의 사상을 살펴보자.

문제 15 고도의 산업발달이 서구 사회 속에 낳은 문제점을 마르크스는 어떻게 비판했는가? 이에 대한 설명으로 가장 적합한 것을 다음의 ❶∼❹ 중에서 고르시오.

❶ 노동은 원래 인간이 부를 획득하기 위한 방도이나, 자본주의 사회를 지탱하는 노동자들은 자기 부의 증대를 목표로 하고 다른 노동자나 자본가의 이익과 관계없이 무제한 고용 조건 개선을 요구해 사회를 혼란시키고 있다.

❷ 노동은 원래 인간이 생산하는 기쁨을 통해 정신을 도야하는 수단이지만, 현실은 생산성 향상을 위한 비인간적인 시스템이 중시되는 경향이 있으며, 그 속에서 사람들은 일 중독증에 빠져 있다.

❸ 노동은 본래 인간에게 풍요롭고 창조적인 활동이지만, 자본주의 사회에서는 노동이 노동자로부터 소외됨으로써 생산물뿐만 아니라 노동자 자신까지도 상품화된다는 불행이 생겨난다.

❹ 노동은 본래 인간에게 고통 이외의 아무것도 아니지만, 풍요로운 생활을 실현하기 위해 그 고통을 감내해야 하는 상황에 빠진 사람들은 이제 퇴폐적인 소비 생활에 눈을 돌리고 있다.

(1998년 센터 본시험 제3문·문제 2)

사상을 무기로 세상을 바꾸자

칼 마르크스(1818~1883)가 살았던 19세기는 산업혁명이 서방 국가로 확대하고 자본주의 경제가 발전하는 시기와 딱 겹친다. 18세기 중반에 산업혁명이 일어난 최선진국 영국에서는 기계 설비에 의한 대형 공장이 세워짐으로써, 생산 수단(사람을 고용할 돈·토지·공장 등)을 가진 **자본가**(부르주아)와, 생산 수단을 갖지 못한 **노동자**(프롤레타리아)라는 두 계급이 생겨난다. 자본가는 노동자에게 저임금·장시간 노동 등 열악한 노동조건을 부과해 노동자의 빈곤 문제가 표면화되어 갔다. 이러한 상황을 배경으로 자본주의를 비판하는 사회주의 사상이 탄생한다. 그 중에서도 압도적인 영향력을 가진 것이 마르크스의 사상이다.

　문학 소년이었던 마르크스는 청년기에 헤겔 철학을 만나 헤겔 철학과의 격투를 통해 자신의 사상을 만들어 나갔다. 기억해 두어야 할 것은 마르크스에게 사상이란 세계를 변혁하기 위한 무기였다는 것이다.

　'철학자들은 세계를 다양하게 해석해온 것에 불과하다. 그러나 중요한 건 세계를 변혁하는 일이다'라고 말한 것처럼 마르크스는 학문적 진리를 탐구하는 것뿐인 철학을 비판하고 **사회를 변혁하기 위한 실천적인 사상**을 만들어갔다.

역사의 주역은 '물질적 생활'

　제Ⅱ장에서 설명한 바와 같이 헤겔은 정신이 변증법적으로 성장해가는 과정으로 역사를 그렸다. 따라서 역사의 주역은 정신이며, 정신은 다양한 모순을 극복하고 자유를 확대해 나가는 것이어야 한다.

　그러나 마르크스는 세계가 변증법적으로 발전해 나가는 것에는 동의하지만 역사의 주역을 정신이라고는 생각하지 않았다. 마르크스에게 있어 역사의 주역은 물질적 생활이다.

　인류가 탄생한 이래 인간은 종교나 사상, 예술 등 정신적인 활동을 계속해왔다. 그렇다면 그러한 정신적 활동을 가능케 했던 것은 무엇일까? 마르크스는 그것을 물질적인 조건이라고 보았다. 즉 마르크스는 정신이 성장해야 물질적으로 풍요로워지는 것이 아니라, **물질적인 생활이나 조건의 변화가 정신적인 활동의 변화도 만들어낸다**고 생각했다. 이것을 마르크스는 '인간의 의식이 인간의 존재를 규정하는 것이 아니다. 반대로 인간의 사회적 존재가 인간의 의식을 규정한

상부 구조와 하부 구조

상부 구조

법률, 정치제도 등에 대한 사고방식이나 종교, 예술 같은 문화.
정신적인 것.

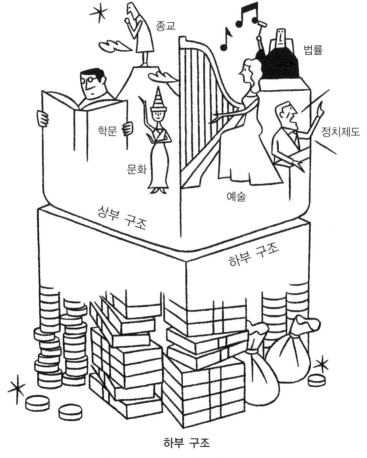

하부 구조

각 시대의 생산관계에 따른 경제 구조.
물질적인 것.

다'('경제학 비판 서문', 기마에 도시아키 옮김, 《마르크스 컬렉션 Ⅲ》, 치쿠마쇼
보, 258쪽)고 표현했다.

　마르크스는 물질적, 경제적, 사회적 상황을 **하부 구조** 혹은 **토대**라
부르고, 정치, 법률, 종교, 도덕, 예술, 철학, 과학 등 정신적인 행위
를 상부 구조라고 불렀다. 즉, '**하부 구조는 상부 구조를 규정한다**'고
마르크스는 생각했던 것이다.

유물사관이란 무엇인가

　이러한 생각에 기초한 역사관을 '**유물사관(사적 유물론)**'이라고 한
다. 그리고 유물사관[60]을 이해하는 데 중요한 것이 '생산관계'와 '생
산력'이라는 개념이다.

　생산관계란 생산을 할 때 인간이 맺는 사회적 관계를 말한다. 예를
들어 원시적인 수렵채집 사회에서는 공동체 전원이 노동을 했기 때
문에 구성원 사이에 상하 관계가 없었다. 그런데 고대 노예제 사회가
되자 주인이 노예를 지배하는 생산관계를 맺게 된다. 이후 영주가 농
노를 지배하는 봉건제 사회, 자본가가 노동자를 지배하는 자본제 사
회라는 형태로 사회의 모습과 생산관계가 변화해 나간다.

　그렇다면 어떤 사회에서 다른 사회로 변하는 이유는 무엇인가. 마
르크스는 그것을 '생산력이 발전하기 때문'이라고 보았다. 예를 들어
봉건제 사회 속에서 농업기술이 향상되면 생산력도 발전하고 생산물
이 남게 된다. 남은 생산물은 상품으로 사고팔게 될 것이므로 화폐
경제나 상품 경제가 침투한다. 그러면 신분사회에서는 자유로운 경
제 활동을 할 수 없기 때문에 사회에서 자유를 찾는 정치 운동이 일

어난다. 그 결과, 봉건제 사회는 붕괴하고 자본제 사회로 이행한다.

이 예에서 알 수 있듯이 생산력이 발전하면 기존의 생산관계에서 문제가 생긴다. 거기서 **발전한 생산력에 걸맞도록 생산관계가 변화되며 새로운 사회로 발전해 나간다.** 이것이 마르크스가 주창한 유물사관이다. 유물사관은 헤겔과는 대조적인 역사관임을 알 수 있다.

마르크스가 말하는 인류의 역사는 '**계급투쟁' 의 역사**다. 노예제→봉건제→자본제라는 사회형태의 변화도 각 시대에서 계급투쟁이 일어난 결과라고 그는 말한다.

자본제 사회 즉 자본주의 사회도 예외는 아니다. 마르크스는 자본주의 사회에서도 생산력과 생산관계가 충돌해 자본주의는 버틸 수 없게 된다고 생각했다. 그 결과, **자본가 계급과 노동자 계급의 계급투쟁이 발생해 자본주의는 해체된다.** 그 후에 오는 것이 **사회주의 사회**다.

마르크스가 구상한 새로운 사회란 각자의 자유로운 발전이 만인의 자유로운 발전의 조건이 되는(마르크스·엥겔스 《공산당 선언》', 《마르크스·엥겔스 전집 제4권》, 오츠기쇼텐, 496쪽) 사회이다. 거기서는 생산 수단도 소수의 자본가가 사유하는 것이 아니라 사회적으로 소유된다. 사회주의에는 더 이상 계급이 존재하지 않는다. 사람들이 능력에 따라 일하고 필요에 따라 받는 사회를 목표로 한다. 이것이 마르크스가 구상한 새로운 사회의 비전이었다.

---

60 역사가 발전하는 원동력은 관념(생각)이 아니라 물질이라는 마르크스주의의 역사관.

노동이 소외되다!

새로운 변화를 구상한 마르크스는 자본주의 사회를 철저하게 연구하고 분석했다. 그 성과는 1867년에 간행된 《자본론》으로 결실을 맺는다.

20대 시절의 마르크스는 《경제학·철학 초고》 속에서 '**소외된 노동**' 문제를 깊이 고찰했다. 소외란 따돌림 당하는 것이다. 노동이 따돌림 당한다는 것은 무엇을 의미할까?

근대 산업사회에서 노동자는 임금을 받고 고용되는 존재였다. 이것은 현대의 아르바이트나 직장인과도 다를 바 없다. 노동자는 자본가의 명령을 따라야 한다. 예를 들어, 당신이 프랜차이즈 레스토랑의 주방에 고용되었다고 가정해 보자. 그러면 당신은 지침대로 요리를 만들어야 한다. 자신이 만들고 싶다고 해서 그 요리를 만들 수는 없다. 이러한 상황에서는 일하는 것이 자신과는 거리가 있는 행동처럼 느껴진다. 즉, **당신 자신의 인간성이 노동으로부터 소외**되어 버린다.

마르크스의 '소외된 노동'에는 여러 의미가 담겨 있다. 프랜차이즈 레스토랑의 예로 말하면, 거기서 사용하는 요리 도구나 만든 요리도 결국은 자본가가 구입한 생산 수단이나 상품에 지나지 않기 때문에 친밀감을 느낄 수 없다. 현대 비정규직 노동자에게 종종 볼 수 있는 것처럼 **인간적인 관계에서도 소외**될 수 있다.

여기서 중요한 것은 '소외된 노동'이라는 마르크스의 통찰에는 사적 소유[61]에 대한 비판이 담겨 있다는 점이다. 노동이 다양한 국면에서 소외되는 근본적 원인은 생산 수단이나 생산물이 자본가의 소유물이기 때문이다. 이러한 문제의식을 더욱 발전시켜 자본주의 사회의 메커니즘을 철저하게 분석한 저작이 《자본론》이다.

착취의 장치

《자본론》의 방대한 모든 내용을 여기에 소개할 수는 없으므로 여기서는 '노동력의 상품화'라는 중요한 논의에 대해 살펴보겠다.

우선, 마르크스의 문제의식을 공유해 보기로 하자. 그것은 '이윤(이익)은 어디에서 나오는 것인가'라는 문제다. **자본가가 노동자로부터 착취하기 때문**이라는 게 마르크스의 대답이다. 그렇다면 착취란 무엇일까? 여기에 **'노동력의 상품화'**라는 문제가 관련된다.

자본가는 노동자의 노동력을 상품으로 구입한다. 이것을 노동자 입장에서 보면 일정 시간 자신의 노동력을 사용할 권리를 자본가에게 파는 것이다.

그럼 노동자가 파는 노동력의 가치(가격)는 어떻게 결정될까? 단적으로 말하면, 노동력을 재생산하는 비용으로 결정된다. 노동력을 재생산하는 비용이란 노동자가 노동력을 유지하기에 충분한 비용을 말한다. 구체적으로는 주거비, 식비, 의류비, 자녀 교육비, 자신이 기술을 익히기 위한 비용 등이 여기에 포함된다.

이 논의의 요점은 자본가가 아무리 돈을 벌어도 그것은 노동력 상품의 가격에는 반영되지 않는다는 것이다. 여기에 착취의 계략이 있다.

예를 들어, 하루 10만 원이 노동력의 재생산 비용이라고 치자. 이 경우 자본가는 당신의 노동력을 하루 십만 원에 구입한다. 게다가, 십만 원 이상의 가치를 창출하도록 당신에게 일을 시키면 자본가는 이익을 손에 넣을 수 있는 것이다. 만일 당신이 한 시간에 2만원의 가치를 창출할 수 있다면, 자본가에게는 다섯 시간이면 수지가 그럭

---

61 개인의 소유. 또는 그 소유물.

저럭 맞는다. 당신이 열 시간 일하면, 자본가는 당신에게 지불한 금액보다 10만 원이나 많은 가치를 손에 넣을 수 있다. 즉 노동자는 자본가에게 판 노동력의 가치 이상의 가치를 생산한 셈이다. 그러나 그 잉여분의 가치는 자본가의 것이 될 뿐, 노동력의 가격(임금)에 반영되지는 않는다. 이것이 마르크스가 말하는 착취다.

이 메커니즘은 아주 교묘하게 되어 있다. 노동자가 강제로 노동력을 판 것은 아니다. 어디까지나 시장의 규칙에 따라 자신의 의지로 노동력을 판 것이다. 따라서 형식적으로는 **자유로운 계약으로서 노동력 상품의 매매가 성립**된다.

마르크스의 《자본론》 제1권에는 당시 영국의 노동자들이 얼마나 열악한 노동 환경에서 혹사당했는지 극명하게 그려져 있다.

현대의 우리들의 모습도 별반 다르지 않다. 블랙 기업[62]과 블랙 바이트[63]의 구조는 마르크스가 말하는 착취 그 자체이다. 《자본론》이 지금도 읽히는 까닭이 여기에 있다.

┌─ 정답과 해설 ─

선택지는 모두 그럴듯한 내용이다. 그러나 마르크스의 키워드가 '소외'임을 이해했다면 헷갈릴 것 없이 순조롭게 ❸을 선택할 것이다.

❶은 노동자들의 노동운동을 비판하는 기술이기 때문에 정답이 아니다. ❷는 사람들의 일 중독증을 비판 대상으로 하고 있으므로 정답이 아니다. ❹의 '노동은 본래 인간에게 고통 이외의 아무것도 아니다'라고 한 점이 마르크스가 비판한 내용과 거리가 멀다.

---

62 직원에게 낮은 임금, 장시간 노동, 임금 미지급 등 불합리한 근무 조건에서의 노동을 강요하는 기업.
63 아르바이트의 블랙 기업 버전.

3-2 서양철학의 파괴자 등장!

니체의 초인론

다음은 니체의 저서 《차라투스트라는 이렇게 말했다》의 한 구절을 인용하고 그 이해를 묻는 문제이다. 니체의 사상을 몰라도 잘 읽어보면 답을 맞힐 수 있을 것이다. 제시문에는 니체 사상의 특색이 잘 나타나 있다. 먼저 제시문을 읽어보자.

문제 16 니체는 '이성'과 '신체'와의 관계를 다음의 문장처럼 인식했다. 다음의 문장을 읽고 니체의 주장에 대한 설명으로 가장 적절한 것하나를 ❶~❹ 중에서 고르시오.

신체는 하나의 커다란 이성이다. … 나의 형제여, 그대가 '정신'이라고 부르는 그대의 작은 이성도, 그대 신체의 도구이다. … '자아'라고 그대는 말하고 그리고 이 말을 자랑스러워한다. 하지만 더 큰

것은 … 그대의 신체이고, 그대의 신체의 커다란 이성이다. 이 커다란 이성은 자아를 말하지 않고 자아를 행한다. … 감각과 정신이란 도구 내지는 완구이다. 그 배후에는 또한 자기가 드러누워 있다. … 자기는 감각의 눈으로 찾고, 정신의 귀로 듣는다. … 그리고 또한 자아의 지배자이기도 하다.

−니체 《차라투스트라는 이렇게 말했다》

❶ 근원적인 자기로서의 신체가 자아를 주장하는 정신으로서의 이성을 지배하고 있다.

❷ 작은 이성으로서의 정신과 큰 이성으로서의 신체는 본래는 동일한 것이다.

❸ 이성과 신체란 자아의 배후에 있는 근원적인 자기가 조종하는 정신과 감각에 대응되어 있다.

❹ 이성과 신체는 어느 것이 근원적인 자기로서 표층적인 자아를 지배할 수 있는지를 다투고 있다.

(2010년 센터 추가시험 제4문 · 문제 2)

진리 따위 엿이나 먹어라

프리드리히 니체(1844~1900)도 마르크스와 마찬가지로 19세기 말을 살았던 철학자다. 19세기 후반은 다양한 분야의 사상가가 동시다발적으로 근대를 비판하는 사상을 내놓은 시대였다. 특히 니체는 철저하게 근대를 비판했다. 민주주의나 근대 과학 따위는 "엿이나 먹어라."라고 말하듯이 모든 근대적인 가치관을 마구 잘라내기 시작한다. 비판의 화살은 근대적인 가치에 한하지 않는다. 니체는 소크라테스-플라톤 이후의 서양철학, 심지어 기독교적인 가치관과 근대적인 가치관을 연속된 것으로 인식하고 신랄한 비판을 퍼붓는다.

니체는 다양한 저작에서 '진리'라는 개념을 공격한다. 플라톤의 이데아론 이후 서양철학은 온갖 수단을 다 써서 진리에 대해 말했다. 거기에 공통되는 것은 우리가 감각으로 받아들이는 현상의 배후에는 진리의 세계가 있다고 하는 발상이다. 예를 들어 《우상의 황혼》이라는 저작에서는 '어떻게 해서 진정한 세계가 마지막으로 우화[64]가 되었는가'라는 제목으로 플라톤의 이데아계 → 기독교의 신의 나라 → 칸트의 물자체 → 실증과학의 진리와 진리 세계의 변천을 추적한 끝에 다음과 같이 말한다.

> 진정한 세계를 우리는 제거해 버렸다. 어떤 세계가 남았는가? 어쩌면 가상의 세계인가? … 하지만 그렇지 않다! 진정한 세계와 함께 우리는 가상 세계도 제거해 버린 것이다!
> −《우상의 황혼》, 《니체 전집 14 우상의 황혼 반그리스도자》, 47쪽

'진정한 세계를 우리는 제거해버렸다'는 말은 무슨 뜻일까? 이 문장과 똑같이 서술한 것이 니체의 대명사이기도 한 '신은 죽었다'와 '우리가 신을 죽였다'이다.

---

64 인격화한 동식물이나 기타 사물을 주인공으로 등장시켜 그들의 행동 속에 풍자와 교훈의 뜻을 나타내는 이야기.

신의 죽음이 가져온 니힐리즘

니체는 《유쾌한 학문》이라는 책 속에서 비로소 '**신의 죽음**'에 대해 이야기한다. 앞의 '진정한 세계'의 제거와 포갠다면 신의 죽음은 유대인- 기독교적인 신의 죽음인 동시에 서양철학이 연면히 이어온 '**진리**'의 **죽음**이기도 한 것은 분명하다. 그것은 또한 '진리/가상'이라는 이원론을 버리는 것이기도 하다.

그렇다면 왜 우리는 신과 진리를 죽여 버린 것일까? 그 대답은 진리의 탐구 자체에 포함되어 있다. 칸트는 진리의 세계인 '물자체(物自體)'를 인간이 인식할 수 없다는 것을 분명히 했다. 관찰과 실험에 중점을 두는 실증과학에 신이 등장할 일은 없다. 즉 **진리를 탐구해 온 서양적인 사고는 신이나 진리의 존재 그 자체를 의심하는 데까지 이른 것이다.**

이전에는 신이 삶의 의미를 공급해주었다. 철학도 절대적인 진리나 도덕적이어야 할 삶의 탐구를 계속했다. 그러나 니체의 말에 따르면, 원래 진리나 신이 존재한다는 생각 자체가 거짓말이다. 그러니까 아무리 논쟁을 해봤자 진리나 신의 존재를 확신할 수 있을 리가 없다. 따져 생각하면 할수록 확실한 진리의 존재가 의심스러워진다. 따라서 '신의 죽음'이란 **진리의 허망성이 드디어 밝혀진 사태**를 의미한다.

그 후에 찾아오는 것이 '**니힐리즘**'이다. 니힐리즘이란 삶의 가치와 의미를 상실해 버리는 것이다. 무엇을 위해 사는지 모른다. 사는 목표를 찾을 수 없다. 어차피 이 세상에는 확실한 가치 따위가 없다. 신의 죽음과 진리의 죽음은 필연적으로 이러한 니힐리즘을 가져다준다고 니체는 말한다.

도덕은 르상티망에서 태어났다

윤리나 도덕에 관해서도 니체는 그때까지의 철학자와는 전혀 다른 방식의 논의를 전개했다. 니체 이전의 철학자는 어떤 방법으로 논하든 도덕의 존재를 의심하지 않았다. 칸트의 정언명법은 이성의 명령이었고, 헤겔의 인륜도 정신의 성장 과정 속에 자리매김한 것이었다.

반면 니체는 《선악의 저편》이나 《도덕의 계보학》이라는 저작 속에서 도덕의 기원을 찾아간다. 즉, 사람이 어떻게 살아야 하는지를 묻는 것이 아니라 사람이 어떻게 살아야 하는가 하는 도덕이 어떻게 완성되었는지를 과거로 거슬러 올라가 밝히려고 한 것이다.

니체가 매스를 가한 것은 이웃 사랑이나 금욕을 설파한 **기독교적인 도덕의 기원**이다. 대체 왜 기독교는 약자에 대한 배려나 금욕 같

도덕의 배후에는 르상티망이 있었다

노예 도덕
인간계에는 강자가 악이고 약자가 선이라는 도덕이 존재한다

약자＝선
가난한 사람은 정직하고 욕심이 없다.
몸이 약한 사람은 마음이 부드럽다.

강자＝악
부자는 욕심이 많고 비도덕적이다.
몸이 강한 사람은 폭력적이고 무섭다.

은 도덕을 주장하는가. 니체는 그것이 **강자에 대한 '르상티망(원한)'** 으로부터 시작된다고 보았다.

로마시대의 기독교가 그랬던 것처럼, 약자는 힘으로는 이길 수 없는 권력자나 부자를 미워하고 그들에게 복수하려고 한다. 그러나 현실에서는 약자인 기독교인에게 그런 힘이 없다. 그래서 강자가 갖는 자기 긍정과 강력함, 고상한 가치관을 부정하고 이타적인 마음과 약자에 대한 배려 같은 가치를 '선(善)'이라고 여기게 되었다. 또한 사람들의 죄를 짊어지고 십자가에 매달린 예수에 대한 빚 때문에 양심의 가책을 느끼고 금욕적인 도덕을 만들어 나갔다는 것이 니체의 진단이다.

니체는 이러한 기독교적인 도덕을 **'노예 도덕'**이라고 불렀다. 금욕, 이타적인 마음, 연민 같은 노예 도덕은 근대가 되어서도 그대로 유지된다. 만인의 평등이나 권리 요구 또한 니체 입장에서는 강자를 끌어내리는 노예 도덕에 불과하다.

니체가 이 노예 도덕에 대치시킨 것이 '주인 도덕(귀족 도덕)'이다. 주인 도덕이란 용기나 높은 품격 등 자기 긍정을 토대로 한 **강자의 도덕**을 말한다. 자신의 내면에서 사는 충실감을 찾아가는 주인 도덕은 르상티망과는 무관하다.

세계는 해석으로 이루어져 있다

지금까지 살펴본 것처럼 서양의 철학이나 종교가 지고의 가치로 여겨온 진리와 선(善)도 그 뿌리에는 강자에 대한 약자의 르상티망이 있다는 게 니체의 생각이었다.

니체는 거기에서 한 걸음 더 나아가 모든 가치의 근본에는 '~하고 싶다'는 욕망이 있다고 주장한다. 예를 들어 기독교적 도덕을 낳은 르상티망도 강자를 깎아내리고 복수하려는 욕망인 것에는 변함없다.

강해지고 싶다, 자유롭고 싶다, 부자가 되고 싶다, 복수하고 싶다 등 무엇을 원하는지는 사람마다 다르다. 그리고 '세계를 해석하는 것, 그것이 바로 우리의 욕구다'(《권력에의 의지》 하라 다스쿠 옮김, 《니체 전집 13 권력에의 의지(하)》, 치쿠마 학예문고, 27쪽)라는 말에서 볼 수 있듯이, 사람은 제각기 욕망에 따라 세계를 해석하고 그 해석을 가치의 원천으로 삼는다.

이 욕망을 니체는 **'권력에의 의지'**라는 말로 표현했다. '권력에의 의지'란 강한 욕망이라고 생각하면 된다. 니체는 진리의 세계도, 자연과학도, 민주주의도 '권력에 대한 의지'에 기초한 해석으로 보았다. 예를 들어, 자연과학은 자연의 상태를 측정하고 싶다는 욕망에서 세계를 해석하고, 민주주의는 기독교적 도덕과 마찬가지로 권력자에게 복수하고 싶은 욕망에서 세계를 해석하는 것이다.

현실 도피하지 말고 삶 자체에 만족하라

그러나 니체는 단순히 상대주의[65]를 주장하고 싶었던 것은 아니다. 세계는 해석에 불과하다고 강압적인 태도로 나와서는 니힐리즘에서 벗어날 수 없기 때문이다.

절대적인 정당성이나 진리가 없는 세상 속에서 허무주의에 빠지지 않고 강하게 살기 위해서는 무엇이 필요할까? 그 대답이 대표작 《차

---

65 모든 진리나 가치는 상대적이라고 보는 학설. 사물과 사물 사이의 관계를 인식할 수 있을 뿐 인식 대상 자체는 인식할 수 없다는 입장.

라투스트라는 이렇게 말했다》 등에서 보여주는 '영원회귀'와 '초인'이라는 사상이다.

영원회귀[66]란 우주가 같은 상태를 여러 번 반복하는 것을 말한다. 물론 그런 일은 있을 수 없지만, 중요한 것은 왜 니체가 영원회귀라는 발상을 했는지를 이해하는 것이다.

예를 들어 영원회귀하지 않는 세계가 있다고 생각해 보자. 기독교에서는 세상의 종말에는 최후의 심판이 있으며, 거기서 구원받는 자와 구원받지 못하는 자가 가려진다. 헤겔은 자유의 확대로서 세계사를 파악했다. 둘 다 세계는 이윽고 진리를 나타낸다는 것을 전제로 한다는 점에서 공통된다. 이로부터 알 수 있듯이 영원회귀 없는 세상은 진리라는 생각을 불러들이기 쉽다.

니체가 단호하게 부정하고 싶었던 것은 **현실에서 도피하여 '지금 여기'와는 다른 어딘가에서 삶의 의미와 목표를 찾으려는 태도**였다.

사람이 현실 도피하지 않는 세계란 어떤 것일까? 그 답은 '지금 여기'가 여러 번 반복되다가 찾아오는 영원회귀(永遠回歸)의 세계일 것이다.

'영원회귀'는 힘든 인생길을 걷는 사람에게는 너무나 가혹한 세계이다. 그러나 이를 '생각대로 되지 않는 인생'의 극점이라고 생각해 보면 어떨까? 그래도 자신의 삶을 긍정할 수 있느냐고 니체는 묻는다. 어려운 질문이지만, 긍정하지 않는 한 자신의 인생은 구원받지 못한다. 그리고 어디까지나 자기 긍정을 관철하는 삶의 모델이야말로 니체가 말하는 **초인**임에 틀림없다. 초인은 영원회귀조차도 운명처럼 긍정적으로 받아들이고 항상 자신의 내부로부터 삶의 충실을 감수할 수 있는 존재다. 니체는 《차라투스트라는 이렇게 말했다》에서 "인간은 극복되어야 하는 존재다"라고 말한 후, 초인을 다음과 같이 표현했다.

> 초인이란 이 지상의 의미를 말한다. 그대들의 의지는 다음과 같이 말해야 한다. '초인이여, 이 지상이어라'라고!
>
> ─《차라투스트라(상)》, 오카자와 시즈야 옮김, 고분샤, 20쪽

쉽게 말하면, 무언가를 위해 사는 것이 아니라 **사는 것 그 자체(=지상)에서 충족을 얻으라**는 것이다. 초인을 너무 높은 이상이라고 생각할 수도 있다. 하지만 르상티망이나 니힐리즘에 사로잡힌 채로는 앞으로 나아갈 수 없는 것도 확실하다.

---

66 영원회귀의 개념은 시간은 순환적이라는 것, 그리고 사건들이 동일한 순서로 계속해서 반복된다는 것을 가정하고 있다. "삶이 지금과 똑같이 반복된다고 해도 당신은 그 삶을 또 살겠다고 열망할 수 있는가?"라는 질문에 "그렇다"라고 대답하는 사람은 현재 자기 삶을 긍정하는 표시가 된다. 영원회귀를 이런 방식으로 이해하는 사람은 니체가 영원회귀를 통해 사건들이 실제로 똑같이 반복된다고 주장하는 것이 아니라 삶을 어느 정도로 긍정하고 있는지에 대한 시험대로서 영원회귀를 주장했다고 말한다.

　　문제를 풀어 보자. 형식적으로 독해하면,

- 정신 = 작은 이성 = 자아

- 신체 = 큰 이성 = 자기

로 정리할 수 있다. 그리고 제시문의 말미에서는 '자기'가 '자아의 지배자'라고 언급했다. 이를 근거로 선택지를 검토하면 ❶이 정답임을 알 수 있다. ❷는 '본래는 동일한 것이다'라고 설명한 부분이 옳지 않다. ❸은 '이성과 신체'가 '정신과 감각에 대응되어 있다'고 한 점이 옳지 않다. 그리고 ❹의 내용은 제시문에는 언급되어 있지 않으므로 답이 아니다.

　　내용적인 해설을 해두자면 여기서 니체는 정신(이성·자아)이 신체를 지배하는 서양철학의 전통 견해를 부정하고 신체야말로 더 근원적인 '커다란 이성'으로서 정신이나 감각을 통해 자아(자기의식)를 지배한다고 말한다. 그러나 정신을 '작은 이성'이라고 의역하는 것에서도 알 수 있듯이 니체에게 이성이란 정신과 신체를 아우르는 것이다.

3-3 프래그머티즘이란 무엇인가?

퍼스, 제임스, 듀이

앞에서 말한 대로 니체는 서양철학 자체에 통렬한 비판을 퍼부었다. 19세기 후반이라는 동일한 시대에 미국에서도 니체와는 다른 형태로 플라톤에서 헤겔까지 연면히 이어져 온 서양철학을 되묻는 사상이 탄생한다. 그것이 프래그머티즘이다.

문제 17 프래그머티즘에 대한 설명으로 가장 적합한 것을 다음 ❶ ~❹ 중에서 고르시오.

❶ 프래그머티즘이란 경험론의 전통을 계승해 지식이나 관념을 그 것이 일어나는 결과로 끊임없이 확인하려고 하는 사상이다.

❷ 프래그머티즘이란 대륙 합리론을 기반으로 생겨났고 후에 기독 교 정신에 의해 발전한 미국 고유의 사상이다.

❸ 프래그머티즘이란 행위나 행동을 의미하는 그리스어를 어원으

로 하지만, 그 방법은 사변적이고 실생활과는 단절된 사상이다.
❹ 프래그머티즘이란 과학적 인식보다 실용성을 우선하고 일상생활의 지혜를 기반으로 하는 사상이다.

(2004년 센터 추가시험 제2문·문제 5)

일본에서는 프래그머티즘이 '실용주의'로 번역되어 깊이가 결여된 효율 중시의 사상처럼 오해하는 경향이 있다. 그러나 철학으로서의 프래그머티즘은 영국의 경험론을 잇는 동시에 그때까지의 철학과는 크게 다른 사상을 전개해 나갔다. 그 영향은 현대에까지 미치고 있으며, 20세기 후반 이후에는 네오프래그머티즘이라는 사조로 발전해 나가게 되었다.

이 절에서는 거기까지는 다루지 못하지만, 프래그머티즘의 원류로 간주되는 퍼스, 제임스, 듀이의 사상을 살펴보고자 한다.

① 퍼스 − 지식과 경험을 결부시킨다

우선, 프래그머티즘이 생겨난 순간을 살펴보자. 하버드대학 수학교수의 차남으로 태어난 찰스 샌더스 퍼스(1839~1914)는 1877년부터 1878년에 걸쳐 발표한 논문 속에서 프래그머티즘의 본질에 대해 다음과 같이 기술한다.

어떤 대상의 개념을 분명하고 확실하게 파악하려면, 그 대상이 어떤 효과를, 더구나 행동에 관계가 있을 수도 있는

효과를 잘 고찰해 보라. 그러면 이러한 효과에 대한 개념이
그 대상에 대한 개념과 일치한다.

– '개념을 명료하게 파악하는 방법', 우에야마 이·야마시타 마사오
옮김, 《세계의 명저 49 퍼스 제임스 듀이》, 주오코론샤, 89쪽

  정말 이해하기 어려운 문장이지만, 여기서 퍼스가 말하는 것은 **지
식(개념)의 내실은 지식이 가져오는 효과나 결과와 분리할 수 없다**는
점이다.

  퍼스는 이것을 '단단하다', '무겁다'라는 개념을 예로 들어 설명했
다. 어떤 물건이 '단단하다'는 건 '다른 물건으로 긁어도 상처가 나지
않는다'는 의미이며, 이는 실제로 해 보지 않으면 모른다. 마찬가지
로 '무겁다'는 개념이 '위로 끌어올리는 힘이 없으면 아래로 떨어진
다'고 하는 것도 우리의 행동과 함께 이해되어가는 것이라고 퍼스는
말한다.

  지식이 가져다주는 효과나 결과는 행위나 행동이 수반되지 않으면
알 수가 없다. 그리스어로는 행위나 행동을 '프라그마(pragma)'라고
한다. 거기서 퍼스는 자신의 사상에 '프래그머티즘(pragmatism, 실용
주의)'이라는 이름을 붙였던 것이다.

  지식과 경험이 강하게 결부되어 있다는 점에서 퍼스의 프래그머티
즘이 경험론을 이어받은 것은 분명하다. 그러나 같은 경험을 중시하
는 실증주의와 다른 점은 퍼스의 경우, '신'이나 '기도'와 같은 개념
도 그 효과를 알면 설명할 수 있다고 생각하는 것이다(실증주의[67]는

---

67 관찰이나 실험으로써 검증할 수 있는 지식만을 인정하려는 철학적 입장.

경험으로 신의 존재를 확인할 수 없는 이상 신을 설명하기는 불가능하다고 생각한다).

이와 같이 퍼스의 프래그머티즘은 자연과학적인 지식과 개념에 머무르지 않는 사상이다. 이 점을 더욱 넓힌 것이 '프래그머티즘'이라는 말을 세상에 널리 보급시킨 제임스였다.

② 제임스 − 진리는 유용성이다

윌리엄 제임스(1842~1910)가 쓴 《프래그머티즘》이라는 책이 있다. 그의 프래그머티즘은 퍼스의 사상을 더욱 급진적으로 인식한 것이었다.

퍼스의 경우, 효과나 결과와 결부시켜 이해하는 지식은 점차 객관성이 높아질 것으로 상정되어 있다. 그 점에서는 과학적인 행위와 친화성이 높다고 해도 좋을 것이다. 한마디로 표현하면, 모두가 실험과 관찰을 거듭하면 조금씩 진리에 다가간다는 것이 퍼스의 진리관이다.

이에 반해 제임스 식의 프래그머티즘은 믿으면 유용한 것도 진리라고 받아들인다. 제임스의 말을 살펴보자.

> '그것은 진리이기 때문에 유용하다'라고 할 수 있으며, 또한 '그것은 유용하기 때문에 진리이다'라고도 말할 수 있다.
>
> −《프래그머티즘》 마스다 게이자부로 옮김, 이와나미문고, 203쪽

여기에 나타나 있는 것처럼 **제임스에게 진리와 유용성은 같은 뜻이다.** 퍼스처럼 객관성에 접근하는 것이 반드시 필요한 것은 아니다. 따라서 비록 다른 사람들에게는 잘못된 신념도 그것이 개인에게 유용하다면 그 신념은 진리로 간주해도 된다.

제임스가 이러한 진리관을 내세운 배경에는 다윈의 진화론에 의한 종교적인 신념의 동요가 있다. 18세기의 계몽사상 이후 자연과학의 발전과 함께 신과 지식은 분리되어 갔다. 경험론에서 본 것처럼 지각할 수 있는 것에 지식 기반을 두는 것이라면 지식의 획득에 더 이상 신이 필요하지 않다.

니체는 그 때문에 '신은 죽었다'고 표현하고 동시에 '진리'에 대해서도 사형 선고를 내렸다. 한편, 니체와 거의 동시대를 살았던 제임스는 **'유용성'이라는 사고로 과학과 신앙의 양립을 도모하려고 했다.**

과학으로 인해 우리는 자연의 메커니즘을 더 잘 알 수 있고, 일상생활에도 도움을 얻고 있다. 그러니까 과학적 진리라는 것이 있어서 나쁠 것은 없다. 한편 종교에 의해 우리는 마음의 평안과 정신의 휴식을 얻을 수가 있다. 그러니까 종교적인 진리가 있어서 나쁠 것은 없다.

이와 같이 유용성이라는 관점에서 보면 여러 진리가 충돌하는 일 없이 나뉠 수 있다. 제임스에게 있어 프래그머티즘 사상은 대립하는 사상이나 신념을 조정하는 **'도구'**이지, 그 자체로 굳건한 진리를 주장하는 것은 아니다. 그는 이것을 방과 복도에 비유해 설명했다.

호텔의 복도는 여러 개의 방과 연결되어 있다. 그 방에 무신론자, 신앙인, 화학자, 형이상학자가 각각 활동하고 있다고 하자.

> 그러나 그들은 모두 이 복도를 자기 것으로 생각하며, 누구나 자기 방을 드나들 수 있는 통로를 원하는 이상 복도를 지나지 않을 수 없다.
>
> ─《프래그머티즘》, 마스다 게이자부로 옮김, 이와나미문고, 61쪽

이 복도에 해당하는 것이 프래그머티즘이다. 유용성을 진리로 간주하고 다원적인 진리를 인정하는 제임스의 프래그머티즘관이 이 복도의 비유에서 잘 전해져온다.

③ 듀이 - 민주주의로서의 프래그머티즘

마지막으로, 프래그머티즘을 집대성한 존 듀이(1859~1952)의 사상을 대강 살펴보기로 하자. 듀이의 사상은 '**도구주의**'로 평가되는 경우가 많은데, 실제로 듀이 자신도 다음과 같이 말했다.

> 개념, 이론, 사상 체계는 도구이다. 모든 도구의 경우와 마찬가지로 가치는 그 자체 안에 있는 것이 아니라 그 사용의 결과로 나타나는 작업 능력 안에 있다.
>
> ─《철학의 개조》, 시미즈 이쿠타로 · 시미즈 레이코 옮김,
> 이와나미문고, 128쪽

지식과 개념을 도구로 간주하는 점에서는 제임스와 공통점이 있지만, 듀이의 경우 그 도구로서의 역할은 **사회를 개선**하는 데 중심을 두고 있다. 따라서 개인에게 유용성이 있는 것보다 사회가 직면한 문제 해결에 기여하는 도구인가 아닌가가 중시된다. 이처럼 **지식의 공공적인 측면**에 관심을 갖고 있다는 점에서는 제임스보다 퍼스의 프래그머티즘을 계승했다고 할 수 있다.

좀 더 구체적으로 설명해 보자면, 듀이는 상황이 불안정해졌을 때 사물의 '탐구'가 시작된다고 주장했다. '평소와 비교해 뭔가 이상하다', '지금까지와는 뭔가 다르다'라고 하면 거기에 의문이 생겨 원인을 밝혀내기 위해 '왜 ~인가'라는 문제 설정을 하게 된다. 이 문제

설정에 따라 가설을 세우고, 가설을 검증하기 위해 실험과 관찰을 실시한다. 그 결과가 가설대로라면 문제 해결에 도움이 되는 지식을 얻었다고 말할 수 있을 것이다.

이처럼 일상생활 속에서 직면한 어려움에 대해 적절한 과제를 설정하고 문제를 해결해 나가는 모습을 듀이는 **'창조적 지성'** 혹은 **'실험적인 지성'**이라고 불렀다.

이러한 문제 해결을 위한 탐구는 혼자 하는 것이 아니다. 여러 사람이 토론이나 토의에 참여하여 지식을 더 나은 도구로 활용하면서 사회를 개선하는 것이 중요하다. 듀이는 이러한 공동적인 탐구 스타일을 **'민주주의'**라고 불렀다.

듀이가 제창한 문제 해결 학습

그럼 어떻게 하면 민주주의를 실현할 수 있을까? 듀이가 중시한 것은 교육이다.

교육의 장에서 언급한 것처럼 문제 해결 능력을 몸에 익힌다. 그러기 위해서는 암기 일변도의 교육이 아니라 학생들이 실제로 문제를 발견하고 해결해 나가는 과정이 필요하다. 듀이는 이러한 학습 방식을 **'문제 해결 학습'**이라고 부르고 **'행함으로써 배운다'**라고 표현했다.

19세기 후반의 미국 프래그머티즘이 탄생한 배경으로 남북전쟁에 의한 분단을 지적하는 경우가 있다. 또한 미국은 다양한 문화적 배경을 가진 사람들로 구성된 사회이다. 이질적인 사람들이 대립하지 않고 공생하려면 어떻게 해야 될까? 듀이의 '민주주의'는 단순한 탁상

공론이 아니라 그 자체가 미국이 직면한 사회문제에 대한 해결 방안을 나타내는 것이기도 했다.

3-4 대중사회와 과학기술을 비판하라!

하이데거의 존재론

    센터시험 문제를 인용해 보자. 문제 속의 제시문에 주목하기 바란다. 대중사회와 과학기술에 대한 비판이라는 관점에서 마르틴 하이데거(1889~1976)의 사상을 설명한 것이다.

문제 18   다음 문장은 대중사회와 과학기술을 비판한 하이데거의 사상을 설명한 것이다. (a)~(c)에 들어갈 단어의 조합으로 올바른 것 하나를 ❶~❻ 중에서 고르시오.

    하이데거는 사람들이 소문에 열중한 나머지 신기한 것을 찾고 주어진 상황에 비판 없이 살아가는 일상적인 존재를 (a)라고 불렀다. 이런 삶에서 벗어나 본래적인 자기 모습을 찾으려면 (b) 가운데서 자신의 죽음에 대해 직시할 필요가 있다고 했다. 후에 그는 과학기

술을 고찰하고, 과학 기술 분야에서는 인간을 포함한 모든 것을 이용해야 할 재료로 여긴다고 비판했다. 하이데거는 이러한 상태를 (c)의 상실이라고 부르고 거기에서 벗어나는 길을 모색했다.

❶ (a) 르상티망　　　(b) 절망　　　(c) 고향
❷ (a) 다스 만　　　 (b) 불안　　　(c) 인류
❸ (a) 르상티망　　　(b) 불안　　　(c) 고향
❹ (a) 다스 만　　　 (b) 절망　　　(c) 인류
❺ (a) 르상티망　　　(b) 절망　　　(c) 인류
❻ (a) 다스 만　　　 (b) 불안　　　(c) 고향

(2013년 센터 본시험　제4문·문제 7)

'존재 의미'에 대한 물음

윤리 교과서에는 하이데거가 '실존주의'[68]의 한 사람으로 설명되어 있기 때문에 센터시험에서도 거기에 따른 형태로 출제되고 있다. 하지만 하이데거의 철학을 실존주의라는 관점에서만 파악하면 그의 중요한 철학적 모티브를 놓칠 수 있다.

그럼 하이데거가 추구한 철학적 물음은 무엇이었을까? 대표작으로 알려진 《존재와 시간》이라는 책 제목이 시사하는 것처럼, 그것은 **'존재한다는 것은 무엇인가'**를 묻는 것이었다. 《존재와 시간》 첫 대목에서 하이데거는 다음과 같이 말한다.

우리는 현재 '존재한다(자이언트)'는 말로 대체 무엇을 말하려는 것이냐는 물음에 대한 답을 갖고 있을까? 아무런 답도 갖고 있지 않다. 따라서 존재의 의미에 대한 물음을 새로 설정할 필요가 있다.

－《존재와 시간(1)》 나카야마 겐 옮김, 고분샤, 13쪽

왜 하이데거는 '존재의 의미'를 물을 필요가 있다고 생각했을까? 그는 우리가 사물을 어떻게 인식하는가를 묻는 인식론보다 '존재한다는 것은 무엇인가'를 묻는 **존재론**이 철학의 근본 문제라고 생각했기 때문이다.

그런데도 서양철학은 존재를 묻는 것에 차츰 소홀해졌다고 하이데거는 말한다. 특히 데카르트와 로크가 개척한 근대 철학은 나라는 주체가 객체인 사물을 어떻게 인식할 수 있는가에 대한 인식론을 주된 무대로 삼았다. 하이데거의 의도는 **다시금 고대 그리스 철학의 정신으로 되돌아가 존재에 대해 묻는 데 있었던 것이다.**

인간은 타인이나 사물들과 끊임없이 관계를 맺는 존재다

그럼, 철학은 어떤 식으로 존재의 의미를 탐구하는 것이 좋을까? 하이데거는 먼저 자신의 존재에 대해 다양한 의문을 가질 수 있는 것은 인간뿐이라고 지적하고, 인간이라는 특별한 존재자를 '**현존재(다**

---

68 19세기의 합리주의 관념론이나 실증주의에 반대하여 개인으로서의 인간의 주체적 존재성을 강조하는 사상.

자인'라고 불렀다. '현(Da)'이란 '거기'를 뜻하는 말로, 그것은 인간에 의해 존재 의미가 밝혀지는 장소를 말하는 것이라고 할 수 있다.

동물은 자신의 존재 의미를 묻지 않는다. '왜 자신은 지금 존재하는 것인가?', '자신의 존재에 무슨 의미가 있는가?' 이런 물음을 갖는 것은 인간뿐이다. 그래서 하이데거는 현존재인 인간의 '존재 확인' 방법에 눈을 돌린다. 여기에서 등장하는 것이 **세계 내 존재**라는 하이데거 특유의 용어다.

세계 내 존재란 세계 속에서 다양한 타인은 물론 사물들과도 끊임없이 관계를 맺으면서 살아가는 현존재(=인간)를 가리키는 말이다.

우리는 어려서부터 숟가락과 젓가락을 사용하여 식사를 하고, 신발을 신고 밖으로 나가기도 한다. 가족이나 친구에게 말을 걸기도 하고, 마음에 들지 않으면 화를 내기도 한다.

철이 들 즈음에는 타인이나 사물과 어떤 상호관계 속에 놓여 있다. 그런 일을 당연하다고 생각할 수도 있으나 근대의 인식론과 비교하면 세계 내 존재를 파악하는 방법의 특징을 잘 알 수 있다. 격렬하게 말하면 근대의 인식론에서는 세계가 인식의 대상이기 때문에 '나 → 세계'라는 구도로 세계를 파악한다. 망원경이나 현미경으로 별이나 세포를 관찰하듯이 세계를 파악하는 것이다.

그에 비해 하이데거의 '세계 내 존재'는 **세계 속에서 타인이나 사물과 상호관계를 맺으며 사는 존재**로서 인간을 파악한다. 그러니까 컵이나 의자 같은 사물도 단순한 인식의 대상이 아니다. 그래서 인간은 타인이나 사물과 어떤 식으로 관계를 맺는가 하는 문제가 중요하다.

사물에 대한 배려

하이데거는 현존재가 타인이나 사물과 관계하는 방식을 '**배려**'라고 불렀다. 여기에서 말하는 배려는 환대와 같은 것이 아니라 **관심을 보내는 것**이라고 생각하면 된다.

하이데거는 '도구'를 예로 들며 사물에 대한 배려에 대해 설명했다. 예를 들어, 젓가락과 숟가락은 먹기 위한 도구이며, 노트는 뭔가를 쓰기 위한 도구이다. 또한 회의 내용을 노트에 기록하는 것은 그 후 일하는 데 활용하기 위함이므로, 우리와 사물과의 관계는 하나의 사물과의 관계만으로 완결되는 것이 아니다. 말하자면 우리는 '**~때문에 ~를 사용한다**'라는 목적과 수단의 네트워크 속에서 사물과 관계를 맺는 것이다. 이와 같이 현존재와 사물이 만들어내는 목적과 수단의 네트워크를 하이데거는 '도구 연관'이라고 했다. 현존재는 **사물을 인식하는 것보다 먼저 도구 연관 속에서 사물과 만나는 것**이다.

하이데거는 이러한 목적과 수단의 네트워크에서 현존재가 바로 궁극적인 목적이라고 말한다. 예를 들면 프라이팬은 요리를 하기 위한 도구이며, 요리는 현존재인 내가 식사를 하기 위한 행위이다. 즉 A는 B를 위해, B는 C를 위해, … 이런 식으로 추적해가면 최종적인 목적은 현존재=인간에 이른다. 따라서 현존재는 도구가 만들어내는 '~을 위해'라는 네트워크 속에서 그때그때 자신에게 도움이 되도록 사물에 대해 관심을 가지면서 **자기 자신의 존재에도 마음을 쓴다**는 것이다.

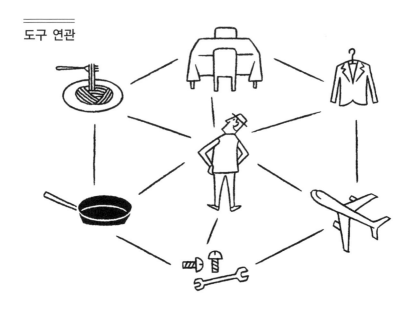

대중사회에 파묻혀 지내는 다스 만

　도구 연관의 예를 통해 하이데거가 말하고 싶었던 것은, 현존재인 인간이 다양한 존재자에게 수동적인 관계방식과 능동적인 관계방식의 양면을 갖는다는 점이다.

　한편으로 나는 세계 속에 던져져 타인이나 사물로부터 행동의 제약을 받지만, 다른 한편으로는 타인이나 사물과의 관계를 통해 자기 자신의 존재를 재편해 갈 수도 있다. 이와 같이 주어진 상황과 가능성 속에서 그 때마다 자신의 존재를 이해해 가는 인간(현존재)의 모습을 하이데거는 '**실존**'이라고 한다.

　그러나 항상 주위의 타인이나 사물에 마음을 쓰는 인간은 자신의 고유한 본래의 모습을 잊고 주위에 맞추기만 하는 상태에 빠져 버린다고 하이데거는 말한다.

하이데거가 말하는 본래의 모습이란 주어진 가능성 속에서 삶의 방식을 선택하고 자신의 존재를 그때마다 생각하는 상태를 말한다.

반면 일상생활에 파묻혀 주위에 흡수되어 가는 상태에 빠지는 것을 하이데거는 '**퇴락**'이라고 부르고, 다른 사람과 다르지 않으면서 그 누구도 아닌 비본래적인 존재[69]를 '다스 만(Das Man)'이라고 불렀다. '다스 만'은 '사람', '세상 사람', '그 누구도 아닌 보통 사람' 등으로 번역된다.

하이데거는 '다스 만'의 모습으로서 시시한 잡담이나 희한한 것에 달려드는 속물적인 호기심 등을 예로 들었다.

다스 만은 '시간'을 인식하는 방법과도 깊이 관련되어 있다. 과거는 과거로 받아들이고 자신의 미래 가능성을 선택해 나가는 본래의 시간성에 대하여 다스 만은 밋밋하고 단조로운 시간성 속에 안주해 버린다.

중요한 것은 죽음을 직시하는 것

그렇다면 다스 만은 어떻게 해야 본래의 자아를 되찾을 수 있을까? 하이데거는 '죽음'에 대한 '불안'과 마주하는 것이라고 말한다.

죽음은 누구와도 바꿀 수가 없다. 언제 찾아올지는 모르지만 반드시 죽는 날은 찾아온다. 수십 년 후일 수도 있고 내일일 수도 있다.

---

69 자신의 삶에 대한 실존적 고민이 없고, 삶의 방향성을 잃은 존재. 이들에게 시간은 의미 없이 흘러가는 세계 속에 '다가오는 것'이다. 때문에 '타인'이 만들어놓은 세상 속에서 뒤처지지 않을까 늘 염려하며 자신의 존재를 잊고 산다.

피할 수 없는 죽음에 대해 인간은 두려움과 불안을 느낀다. 그리고 이 불안에서 벗어나고 싶기 때문에 많은 사람들은 일상의 잡담이나 잡무로 마음을 달랜다.

그러나 현존재인 인간이 다스 만 상태에서 벗어나기 위해서는 자신의 죽음을 응시할 필요가 있다고 하이데거는 말한다. 즉, 죽음을 자각해야 '이렇게 살아야 한다'는 양심의 소리를 듣게 된다는 것이다.

이처럼 죽음은 피해 갈 수 없음을 직시하고 죽음에 대한 자각을 통해 본래의 자기(실존)에 되돌아오려는 모습을 하이데거는 '선구적 결의[70]' 라고 불렀다.

당초의 하이데거의 구상으로는 이후에 《존재와 시간》의 핵심이 되는 존재 그 자체와 시간과의 관계를 논하기로 되어 있었지만, 실제로는 그 부분이 간행되지 않았다.

그렇기 때문에 《존재와 시간》은 서두에서 언급한 바와 같이 오로지 인간의 본래적인 삶을 설명한 실존주의적인 저작으로서 해석되게 되었다.

기술 시대의 고향 상실

《존재와 시간》이 독일어권에서 대단한 반향을 얻은 후 하이데거는 1933년 프라이부르크 대학 총장에 선출되었다. 그런데 총장 취임 강연에서 나치를 찬양하는 발언을 하고 나치의 반유대주의적 정책에도 협력했다는 혐의로, 전후 하이데거의 나치 가담 문제가 큰 논란이 되었다. 다만 그 기간은 짧았다. 하이데거는 결국 근대 기술에 지배되어 있던 나치로부터 멀어지고 대학 총장도 일 년 만에 사임했다.

1930년대 후반 이후 하이데거는 다양한 저작을 통해 근대 기술을 비판해 나갔다. 하이데거의 근대 기술 비판을 나타내는 말로 '게슈텔'이라는 것이 있다. 징용성[70], 닦달 등으로 번역되며, 기술이 인간과 자연을 생산으로 내모는 시스템을 의미한다.

인간이든 자연이든 모든 것이 생산에 도움이 되도록 짜맞춘다. 기술이 지구 전체를 지배하는 시대가 되면서 사람들은 자신이 의지할 곳, 존재를 실감할 수 있는 곳을 상실해 버렸다(고향 상실)고 하이데거는 말한다. 이는 마치 3·11 동일본대지진 이후의 후쿠시마를 예언하는 것과 같은 지적이 아닐까.

정답과 해설

여기까지 읽고 나면 문제 자체는 간단하다. (a)는 주위와 동조하며 일상에 파묻혀 사는 존재를 의미하는 '다스 만'이 적합하다. (b)에 들어갈 하이데거의 사상으로는 '불안'이 적합하다. (c)에는 이 절의 끝에서 언급한 바와 같이 기술이 지배하는 시대에 사람들은 '고향'을 상실했다고 하이데거는 말한다. 따라서 정답은 ❻이다.

---

70 어떤 분야에서 남보다 앞장서 굳게 마음을 먹고 뜻을 정함.
71 강제로 거두어들임.

3-5 '실존'이라는 불안과 어떻게 마주할까?

키르케고르에서 사르트르로

이 절의 주제는 실존주의다. 인용하는 문제는 실존주의 철학자인 키르케고르와 사르트르 두 사람의 사상에 대해 제대로 이해했는지를 묻는 것이다.

문제 19 '실존'을 중시한 사상가 키르케고르와 사르트르가 있다. 두 사람의 사상에 대한 설명으로 가장 적합한 것을 다음의 ❶~❺ 중에서 각각 하나씩 고르시오.

❶ 일상적인 도구는 사용 목적이 미리 정해져 있어 본질이 현실의 존재에 앞서지만, 현실의 존재가 본질에 앞서는 인간은 스스로 만드는 것 이외의 아무것도 아니라고 생각했다.

❷ 우주는 더 이상 분할할 수 없는 궁극적인 요소로 구성되어 있는데, 이 요소는 비물체적인 것으로, 그 무수한 요소가 신의 섭리

하에 미리 조화를 이룬다고 주장했다.

❸ 생명은 신과 통하는 신비한 것이기 때문에 인간을 포함한 모든 생명에 대한 사랑과 경외감을 가져야 하며, 그렇게 해야 윤리의 근본 원리가 주어진다고 생각했다.

❹ 사람이 죄를 용서받고, 신에 의해 의인이라고 인정받기 위해서는 외적인 선행은 불필요하고, 성경에 기록된 신의 말씀을 지침으로 삼는 내면적 신앙만이 필요하다고 주장했다.

❺ 누구에게나 성립되는 보편적이고 객관적인 진리가 아니라 자신에게 있어 진리, 즉 자신이 그것을 위해 살고, 또한 죽고 싶다고 바라는 주체적 진리를 추구했다.

(2006년 센터 본시험 제4문 · 문제 6)

실존주의는 어떤 사상인가

이 절에서는 키르케고르와 사르트르에 초점을 맞추어 실존주의라는 사상 조류에 대해 설명하고자 한다.

먼저 '실존주의'가 무엇인지 살펴보자.

중세 스콜라 철학에서는 '본질 존재'와 '현실 존재'라는 개념을 사용했다. **본질 존재**란 말하자면 사물의 정의다. 예를 들어 칼이라면 '물건을 자르거나 깎거나 하는 것'이 본질 존재다. 반면 **현실 존재**는 말 그대로 실제로 눈앞에 있는 칼을 말한다.

이 대비를 인간에게 적용시켜 보자. 인간을 '이성적 동물'로 보는 방법은 본질 존재로서의 인간을 말하려는 것이다. 반면 개별 구체적으로는 지금 여기에 살고 있는 나와 당신은 현실 존재이다. 철학에서 말하는 실존은 이 현실 존재로서의 인간을 의미한다.

19세기는 유럽 각지에서 산업혁명이 일어나고 과학기술이 발전해 나가는 동시에, 니체가 지적했듯이 삶의 의미와 목표를 잃은 니힐리즘이 유럽을 뒤덮은 시대였다. 공장에서는 일하는 인간 개개인의 개성이 무시되었으며 노동자는 단조롭고 기계적인 작업을 해야만 했다. 교회도 과거와 같은 권위가 없어 사회와 종교의 관계가 약해져 갔다. 이러한 시대를 배경으로 해서 실존으로서의 인간의 삶 즉, 지금 여기에 사는 인간 그 자체의 모습을 묻는 철학이나 사상이 생겨난 것이다. 이러한 철학과 사상의 조류를 후세에 '**실존주의**'라고 불렀다. 실존주의의 선구적인 철학자가 키르케고르이고, 가장 큰 영향력을 가진 철학자는 사르트르다.

추구해야 할 것은 주체적 진리

키르케고르와 사르트르는 나이로 보면 약 아흔 살이나 차이가 난다. 키르케고르는 19세기 전반을 살았던 인물인 반면 사르트르는 20세기에 태어났다. 우선 실존주의의 원류인 쇠렌 키르케고르(1813~1855)의 사상부터 살펴보자. 스물 두 살 때 키르케고르가 쓴 일기에는 그의 실존 선언이라고도 부를 만한 구절이 있다.

> 나에게 부족한 건 내가 무엇을 해야 할 것인가에 대해 스스로 결심이 서지 않는다는 점이다. 내가 무엇을 인식할 것인가 하는 것이 아니다. … 나에게 진리인 듯한 진리를 발

견하여 내가 그것을 위해 살고 그리고 죽고 싶다고 생각하
는 관념을 발견하는 것이 필요하다. 이른바 객관적 진리 등
을 찾아내 보았자, 그것이 나에게 무슨 소용이 있겠는가.

-마스다 게이자부로 '키르케고르의 생애와 저작 활동',
《세계의 명저 51 키르케고르》, 주오코론샤, 20쪽

여기에 밝혀진 것처럼 키르케고르가 원한 것은 서양철학이 탐구해
온 객관적 진리가 아니라 나에게 진리일 것 같은 진리, 즉 '주체적 진
리'였다. 키르케고르 입장에서는 아무리 객관적인 지식을 갖고 있어
봐야, 그것이 자신의 삶에 깊은 의미를 가지지 않는다면 잡동사니나
마찬가지라는 것이다.

실존의 3단계

키르케고르는 《철학적 단편에 부치는 비학문적인 해설문》이라는
저작 속에서 실존의 모습을 '미적 실존', '윤리적 실존', '종교적 실존'
이라는 세 단계로 나누어 설명했다. 이것을 **실존의 3단계**라고 한다.

미적 실존의 단계에서는 속박에서 벗어나려고 정욕대로 쾌락과 명
예를 추구하지만, 이윽고 권태감에 시달리고 향락적인 생활을 계속
하는 데 불안을 느끼게 된다.

불안에 빠진 실존은 쾌락의 추구를 벗어나 인간으로서 올바른 삶
을 찾으려고 한다. 이것이 **윤리적 실존**의 단계이다. 그러나 정의를
추구하려고 해도, 한 사람이 할 수 있는 일에는 한계가 있다. 아무리
윤리적으로 살려고 해도 사회의 현실에 배신당하고 절망에 빠진다.
그래서 마지막에 도달하는 것이 **종교적 실존**의 단계다.

종교적 실존이란 단독자로서 신과 마주하고 신앙에 모든 존재를 거는 방식을 말한다.

키르케고르의 저서 《죽음에 이르는 병》은 '**죽음에 이르는 병이란 절망을 말한다**'라고 되어 있다. 그러나 여기서 '죽음에 이르는 병'이란 육체적인 병을 말하는 것이 아니다. 키르케고르에게 있어서의 '죽음에 이르는 병＝절망'이란 그리스도인으로서 바르게 살려고 해도 살 수 없는 상태이며, 그것은 영원히 계속될지도 모르는 것이다.

키르케고르 자신은 죽음에 이르는 병에 걸린 사람이었다. 그는 아버지의 비밀[72]과 자신의 결혼 파기 등을 통해 항상 깊은 죄의식에 사로잡혀 절망의 구렁텅이에 빠져 있었다.

어떻게 하면 이 절망을 극복할 수 있을까? 그 최종 선택은 단 한 사람의 단독자로서 신을 믿는 일이었다.

삶이 본질을 만든다

키르케고르를 선구로 하는 실존주의는 20세기의 장폴 사르트르 (1905~1980)에 이르러 세계를 석권하는 사상이 된다. 특히 제2차 세계대전 이후 유럽에서 그 영향력은 결정적이었다. 제2차 세계대전 후인 1945년 10월 사르트르가 파리에서 한 강연에는 많은 사람들이 몰려들었으며, 다음날 신문에 '문화적 사건'으로 보도되었다.

많은 사람들을 사로잡은 사르트르의 사상은 무엇이었을까? 저서 《존재와 무》에서 사르트르는 '즉자존재'와 '대자존재'라는 개념을 사용하여 논의를 전개했다.

즉자(即自)존재란 반성적인 의식이 없는 존재를 말한다. 간단히 말하면 인간 이외의 동물, 식물, 인공물은 모두 즉자존재이다. 동물은 자신의 행동을 되돌아보지 않는다. 그런 의미에서는 세상물정을 모르는 아기도 즉자존재이다.

한편, **대자(對自)존재**란 반성적으로 생각할 수 있는 존재, 즉 인간을 말한다. '지금 나의 말투가 심했구나'라거나 '왠지 긴장된다' 등 인간은 자신을 반성적으로 생각할 수 있다.

대자존재인 인간에 대해 사르트르는 '그것이 있는 바의 것이 아니라 있지 않는 바의 것이다'라고 설명한다. '있는 바의 것'이란 현재이며, '있지 않는 바의 것'이란 미래를 말한다.

인간은 현재의 자신을 반성적으로 생각할 수 있다. 그러므로 현재에 파묻혀 있는 것이 아니라 **언제나 현재의 자신을 부정하고 미래를 향해 새로운 자신을 만들어 나갈 수 있는 것**이 인간이라는 것이다.

이것을 알기 쉽게 설명한 것이 사르트르가 파리에서 한 강연이다. 이 강연은 나중에 《실존주의란 무엇인가》라는 책 제목으로 출간되어 전 세계적으로 베스트셀러가 되었다. 그 중에서도 특히 유명한 구절이 '실존은 본질에 앞선다'는 말이다.

본질과 실존이라는 개념에 대해서는 이미 설명했다. 예를 들어 가위는 '자를 수 있다'는 것이 가위의 본질이고, 실제로 눈앞에 있는

---

72 그의 부친은 평생을 두 가지 일 때문에 죄의식에 시달렸는데 그 하나는 키르케고르의 어머니와 재혼한 일이었다. 당시의 교회법은 재혼을 금지하고 있었고 더구나 그 여자는 집안의 하녀로서 결혼한 지 두 달 만에 아이를 낳았던 것. 다른 하나는 그가 젊었던 시절 양치기를 할 때 추위와 배고픔에 못 이겨 하늘에다 대고 신을 저주했던 일이다. 이같은 아버지의 비밀을 전해 들은 키르케고르는 아버지의 잘못으로 신이 자신의 집안을 저주하고 있다고 확신했으며 이 때문에 그 자신 역시 결혼해서 남들처럼 행복하게 살 자격이 없다고 판단했고 평생을 '죄의 극복'이라는 명제로 고민하게 됐다.

가위가 가위의 실존(현실 존재)이다.

가위 같은 물건은 인간이 만들어낸 것이다. 인간은 무의미하게 물건을 만드는 것이 아니라 뭔가를 자르기 위한 도구로 가위를 만든다. 즉, 본질에 의거해 현실의 가위가 만들어지는 것이기 때문에 **'본질 → 실존'**이라는 순서가 된다.

반면 인간은 물건처럼 미리 본질이 정해져 태어나는 것은 아니다. 아무 것도 없는 상태에서 자신의 힘으로 자신의 본질(자신이 무엇인가)을 만들어 나가는 것이다. 예를 들어, 소설가는 태어나면서부터 소설가였던 것이 아니라 스스로 노력해서 소설가가 되는 것이고, 야구선수나 회사원도 마찬가지다.

이처럼 인간의 본질은 미리 정해져 있는 것이 아니라 구체적인 삶이 자신의 본질을 만든다. 이것을 사르트르는 '실존은 본질에 앞선다'고 표현했다.

실존은 본질에 앞선다

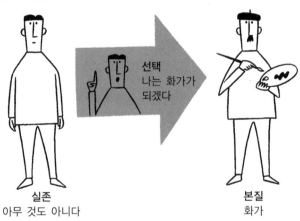

실존
아무 것도 아니다

선택
나는 화가가
되겠다

본질
화가

앙가주망 – 미래에 대한 긍정적인 사고

인간은 스스로 본질을 만들어 나가야 한다. 이것은 **인간에게는 다양한 가능성으로부터 자신의 본질을 만들어나갈 자유가 있다**는 의미이기도 하다. 물론 반론하고 싶은 사람도 있을 것이다. 모두가 프로 선수가 될 수 있는 것은 아니므로 자유롭게 본질을 만들 수 있는 것도 아니라고.

그럴 듯한 비판이다. 하지만 태어나면서부터 본질이 정해져 있는 것은 아니므로 일정한 자유는 있다고 생각해도 좋을 것이다. 학생들이 취업활동을 할 때도 몇 군데를 지원하든 자유가 있다.

그런데 자유가 있기 때문에 스스로 결정하고 선택한 것에 대한 책임도 있다. 회사를 그만두고 빵집을 차리기로 정했다면, 빵집으로 성공하느냐 마느냐는 자기 하기 나름이다.

자신이 선택한 삶에 스스로 책임을 져야 한다. 따라서 자유에는 '이걸 선택해도 괜찮을까?'라는 불안이 늘 따라다니기 마련이다. 게다가 자유에 따른 불안은 살아있는 한 계속 이어진다. 그런 의미에서 사르트르가 말하는 것처럼 **인간은 자유라는 형벌에 처해져 있는 셈**이다.

더구나 사르트르는 개인이 무엇을 선택했는지에 대한 책임은 인류에 대한 책임이기도 하다고 말한다. 예컨대 누군가와 결혼을 한다는 것은 인류에게 '일부일처제'라는 제도의 지지를 표명한 것이나 마찬가지다. 따라서 개인이 자유롭게 뭔가를 선택하는 것은 사회나 조직, 제도에 관여하는 것이기도 하다. 이것을 사르트르는 '앙가주망'이라는 개념으로 설명했다. 영어로 말하자면 '약속'이다.

앙가주망은 자기 구속과 사회 참여 등의 뜻을 갖고 있다. 즉, 자신을 어떤 사회 상황에 던지고 스스로를 구속하는 동시에 **자신의 자유로운 행위에 의해 그 사회를 새롭게 만들어 나가야 한다**는 것이다.

세계대전 직후의 사람들은 평화가 찾아온 것을 기뻐하는 동시에 불안정한 상황 가운데서 미래에 대한 큰 불안을 안고 있었다. 일본도 마찬가지다. 어쩌면 모두가 자신의 실존과 마주해야 하는 상태에 놓여 있었을 것이다.

사르트르가 표방하는 실존주의는 그런 사람들의 불안을 덜어주고 미래에 대한 긍정적인 삶을 보여주는 양질의 인생론으로 수용되어 크게 환영받았던 것이다.

이 절에서는 실존주의의 대표로 키르케고르와 사르트르를 살펴보았다. 일본의 고등학교 윤리 교과서에는 이 두 사람 외에, 니체와 하이데거, 그리고 이 책에서는 거론하지 않은 카를 야스퍼스[73](1883~1969)도 실존주의 철학자로 다루고 있다.

키르케고르는 당초 그의 출신인 덴마크를 제외하고는 대부분 무명이었지만, 20세기에 들어 하이데거와 야스퍼스에게 큰 영향을 줌으로써 그 이름이 세계적으로 알려지게 되었다. 때마침 제1차 세계대전에 의해 유럽 전역이 황폐화해 유럽적 이성에 대한 반성을 촉구한 시기다. 그런 의미에서 실존주의는 불안한 시대에 더욱 요구되는 사상인지도 모른다.

　　지금까지의 내용을 토대로 정리하면, 키르케고르의 사상은 ❺, 사르트르의 사상은 ❶임을 알 수 있다. 참고로 ❷는 라이프니츠의 모나드 이론, ❸은 슈바이처의 '생명에 대한 경외'라는 개념을 설명한 것이다. ❹는 종교개혁을 주장한 루터의 사상이다.

---

73 유신론적 실존주의자. 인간은 죽음이나 고통과 같은 한계 상황에 직면하여 좌절해 보면서 신과 같은 절대자로의 초월에 이를 수 있다고 봄.

3-6 '언어 게임'이란 무엇인가
비트겐슈타인의 궤적

20세기에 들어 영미권에서는 '분석철학'이라는 철학의 조류가 생겨났고, 이후 영미 철학 속에서 중심적인 위치를 차지하게 된다. 분석철학은 언어 분석을 주류로 하는 철학으로, 루트비히 비트겐슈타인(1889~1951)이 장르 형성에 결정적인 영향을 미쳤다.

비트겐슈타인의 철학은 전기와 후기에 의해 크게 변화한 것으로 알려져 있다. 다음 인용 문제 제시문은 그 변화를 단적으로 정리한 것이다.

문제 20 다음 문장은 언어를 둘러싼 비트겐슈타인의 사상을 설명한 것이다. (a)~(c)에 들어갈 단어의 조합으로 가장 옳은 것을 ❶~❻ 중에서 고르시오.

비트겐슈타인은 처음에 '말로 할 수 없는 것은 침묵해야 한다'는

입장을 취했다. (a)에서는 명제가 참인지 거짓인지 확정할 수 있으나, 신이나 도덕 문제를 다루는 철학이나 종교 언어는 현실적 사실이나 현상과 대응 관계를 갖고 있지 않기 때문에 말로 할 수 없는 것인데 사람들은 말하려고 한다. 그리고 지금까지 있었던 대부분의 철학적 문제는 말로 할 수 없는 것을 말하려고 했기 때문에 발생했다는 게 그의 주장이다. 그러나 비트겐슈타인은 후에 (b)의 언어 사용과 규칙의 습득에 대한 성찰을 심화하고는 새로운 (c)의 개념을 도입하여 언어 문제를 파악하기 시작했다. 이러한 후기 비트겐슈타인의 사상에 따르면, (a)에서 사용하는 언어도 또한 (b)에서 뿌리 내린 다양한 (c)의 하나인 셈이다.

❶ (a) 일상생활　　(b) 자연과학　　(c) 패러다임
❷ (a) 일상생활　　(b) 형이상학　　(c) 언어 게임
❸ (a) 자연과학　　(b) 일상생활　　(c) 패러다임
❹ (a) 자연과학　　(b) 일상생활　　(c) 언어 게임
❺ (a) 형이상학　　(b) 자연과학　　(c) 패러다임
❻ (a) 형이상학　　(b) 자연과학　　(c) 언어 게임

(2013년 센터 본시험 제1문·문제 9)

말로 할 수 없는 것은 침묵하라

우선, 전기 비트겐슈타인의 주요 저서인 《논리철학논고》의 내용을 살펴보자. 《논리철학논고》는 이상한 스타일로 쓰인 철학서다. 이 책의 첫 대목은 다음과 같이 시작된다.

1   세계는 이루어진 일들의 총체이다.

1·1 세계는 사물들의 총체가 아니라 사실들의 총체이다.

1·2 세계는 사실들에 의해, 그리고 그것이 사실의 모든 것
    이라는 점에 의해 규정된다.

-《논리철학논고》 노야 시게키 옮김, 이와나미문고, 13쪽

이런 식으로 처음부터 끝까지 각 명제들에 일련 번호가 매겨져 있는 《논리철학논고》에는 '세계'와 '사고'와 '언어'의 관계를 고찰한 내용이 담겨 있다. 그 중에서 가장 유명한 구절이 서문과 끝에 등장하는 **'말로 할 수 있는 것은 명료하게 말하고 말로 할 수 없는 것은 침묵해야 한다'**는 말이다. 이 한 구절은 무엇을 말하려 했던 것일까?

비트겐슈타인이 말하는 말로 할 수 있는 것이란 사실 여부를 확인할 수 있는 것이라는 의미다. 예를 들어, '철수는 지금 라면을 먹고 있다'는 문장(명제)은 실제로 철수가 지금 라면을 먹고 있는지를 알아보면 참인지 거짓인지를 판단할 수 있다.

이것을 반대로 말하면, 사실 여부를 확인할 수 없는 것은 말로 할 수 없는 것이다. 이런 논리에 대해 독자 여러분은 어떻게 생각하는가? 우리는 보통 사실 여부를 확인할 수 없는 것도 이러쿵저러쿵 쉽게 말한다. 예를 들어 '온 세계에 평화가 이루어지기를 소망한다'는 기도는 참인지 거짓인지 확인할 수가 없다. 철학에서도 플라톤의 이데아나 헤겔의 세계정신 같은 존재 또한 확인할 수가 없다.

비트겐슈타인이 말하는 요지는 '이데아가 존재한다'든가 '사람은 잘 살아야 한다' 같은 진위여부를 가릴 수 없는 생각은 아무리 논의해봤자 결론이 없는 무의미한 행위라는 것이다.

'어떻게 살고 어떻게 죽을 것인가'는 언어로 표현할 수 없다

그래서 비트겐슈타인은 '**그림이론**(picture theory)'을 내세운다.

그림이론이란 세계를 구성하는 사실적 그림으로 문장(명제)을 인식하는 것을 말한다. 여기서 중요한 것은 사실과 그림인 문장(명제)은 둘 다 같은 논리(사고)를 공유한다는 점이다. 말하자면 논리(사고)를 매개로 하여 사실이 문장(명제)으로 모사[74]된다.

비트겐슈타인은 악보와 음악을 '그림의 관계'로 예를 들었다. 음악의 규칙에 따라 악보로 모사되는 것이므로, 악보와 음악은 동일한 논리를 공유하는 셈이다.

그리고 앞의 인용에서와 같이 '세계는 사실의 총체'이므로 논리적으로 세계는 사실을 제대로 담은 문장(명제)의 총체로서 파악할 수 있다.

그렇다면 문장(명제)을 제대로 분석해야 세상을 이해하게 된다. 비트겐슈타인은 《논리철학논고》의 서문에서 다음과 같이 말한다.

> 이 책이 전체적으로 갖는 의의는 대체로 다음과 같이 요약할 수 있다. 대체로 말로 할 수 있는 것은 명료하게 말할 수 있다. 그런데 논할 수 없는 것은 침묵해야 한다.
> 이런 식으로 이 책은 사고에 한계를 긋는다. 하지만 사고가 아니라 사고된 것을 표현하는 데라고 해야 할 것이다.
>
> -《논리철학논고》, 9쪽

여기에 언급되어 있는 것처럼, 비트겐슈타인은 진위 여부를 가릴

---

74 어떠한 대상이나 현상을 있는 그대로 본떠서 언어나 그림으로 묘사함.

수 없는 문제는 '침묵해야 한다'는 것이며 철학적 고찰의 대상이 아니라고 생각했다. 그것이 **'사고에 한계를 긋는다'**는 말이다.

그렇다고 비트겐슈타인이 윤리와 같은 언어적으로 고찰할 수 없는 문제를 경시했다는 것은 아니다. 그는 '세계의 의의는 세계 밖에 있어야 한다(《논리철학논고》 44쪽)'고 말한다. 사실들로 이루어진 세계 속에서는 가치나 윤리 등의 '의미'를 말로 표현할 수가 없다. 하지만 세상 밖에 있는 이것들이 세계를 조건화한다. 어떻게 살고 어떻게 죽을 것인가는 침묵 속에 나타내는 수밖에 없다.

'대박'[75]을 철학적으로 탐구하면

전기 비트겐슈타인을 대표하는 《논리철학논고》는 그 후 1930년대 빈의 사상가에게 압도적인 영향을 미쳐 '논리실증주의'라는 사상운동으로 발전했다. 논리실증주의자들은 지식의 기반을 사실에서 찾고, 문장(명제)의 분석을 통해 형이상학과 같은 무의미한 진술을 배제하는 자세를 첨예화하였다.

한편, 후기 비트겐슈타인은 그림이론의 결함을 발견하고 《철학탐구》라는 책에서 **'언어 게임'** 이론으로 수정하면서 언어 현장을 중시한다.

그림이론이 상정하는 언어란 일상적인 언어가 아니라 인공적인 이상 언어에 지나지 않는다는 것이다. 예를 들어 '안녕'이라든가 '잘 먹겠다'라는 말은 그림이론과 관계가 없다.

그렇다면 언어활동을 의미가 있는 것과 무의미한 것으로 확실히 나눌 수 있는가? 그림이론에 대해 이러한 비판이 쏟아지자 비트겐슈타인은 스스로 그림이론을 부정했다.

　그럼, 후기 비트겐슈타인을 대표하는 '언어 게임'이란 무엇일까? 요즘 젊은이들이 많이 쓰는 '대박~, 헐, 겁나~'에 해당하는 일본어 '야바이(やばい)'라는 말을 예를 들어 보자.

　주로 '위태롭다, 위험하다'는 뜻으로 쓰는 속어지만, 상황에 따라 '적합지 않다, 난처하다, 문제가 많다'의 의미로 사용되기도 하고 반의적으로 **'대단하다, 아주 좋다'는 의미로 사용하기도 한다. 즉 말의 의미가 상황에 따라 달라지는 것**이다.

　하지만 우리가 '대박'의 다양한 의미를 이미 알고 있기 때문에 다

'대박'을 둘러싼 언어게임

위험해!

75　대박(やばい) : 어떤 일이 크게 이루어짐을 비유적으로 이르는 말로, '대단하다, 좋다'의 의미뿐 아니라 위태롭거나 위험하다는 뜻으로도 쓰인다.

양한 상황에서 구분해 쓸 줄 아는 것은 아니다. 다양한 사람들과 대화를 나누면서 접하는 여러 상황을 통해 이런 상황에서는 '대박'이라는 말을 써도 된다는 것을 터득하여 사용하게 되는 것이다.

이러한 언어의 기능을 비트겐슈타인은 게임에 빗대어 설명한다. 같은 게임이라도 야구와 축구는 규칙이 전혀 다르며, 볼이 갖는 의미도 다르다. 언어도 마찬가지로 지역과 문화, 시대, 분야, 상황에 따라 규칙이 달라진다.

이처럼 비트겐슈타인은 언어활동을 특정 규칙에 따라 운영되는 '언어게임'으로 보았다. 우리는 **다양한 언어 게임에 참여함으로써 말의 의미를 습득해 간다**는 것이다.

본질이 아닌 유사

언어 게임이라는 개념에는 또 다른 의미가 있다. 그것은 게임이라는 말 자체도 본질적인 정의를 제공할 수 없다는 것이다.

예를 들어, 가위바위보, 카드, 인생 게임, 오셀로 게임, 인베이더 게임, 테트리스, 포켓몬, 축구, 야구, 바둑, 장기 같은 다양한 게임을 일괄적으로 정의할 수 있는 공통의 성질은 없다. 그러나 테니스와 탁구가 비슷한 것처럼 개별 게임 사이에는 유사한 성질도 발견할 수 있다.

비트겐슈타인은 각각의 게임이 조금씩 닮은 모습을 가족사진에 비유하여 설명했다.

아버지와 딸은 눈이 비슷하지만 입은 별로 닮지 않았다. 어머니와 아들은 귀 모양이 비슷하지만 코는 그리 닮지 않았다. 가족은 서로 비슷한 부분이 있지만, 가족 전원의 공통점을 찾을 수는 없다. 하지만 서로 닮아 전체적으로는 뭔가 정리된 느낌이 든다.

비트겐슈타인은 가족사진에서 볼 수 있는 **비슷한 점**을 '**가족 유사성**'이라고 불렀다.

언어 게임이나 가족 유사성이라는 개념은 본질주의적인 개념의 부정을 시사하는 것이기도 하다. 본질주의에서는 모든 사물에 공통으로 해당되는 성질이 있다고 생각한다. 플라톤의 이데아가 그 전형적인 예다.

'신은 무엇인가', '선이란 무엇인가', '자유란 무엇인가', '지식이란 무엇인가'와 같이 서양철학의 질문 대부분은 본질주의적인 해답을 구하는 것이었다.

그러나 언어는 게임이며, 게임은 가족 유사성처럼 전체적인 공통점을 찾을 수 없는 이상, 위의 개념에 그럴듯한 정의를 내릴 수는 없다. 그런 의미에서 비트겐슈타인의 '언어 게임' 역시 그림이론과 마찬가지로 과거의 철학적 사고에 종언을 고하려 했다고 봐도 좋을 것이다.

정답과 해설

(a)에는 명제가 참인지 거짓인지 확정할 수 있는 단어가 들어가야 한다. 선택지의 일상생활, 자연과학, 형이상학 중에서 참인지 거짓인지를 확정할 수 있는 것은 자연과학뿐이다. (b)는 이미 언급한 바와 같이, 후기 비트겐슈타인은 일상생활에서 언어에 대해 깊이 있게 고찰한 결과, (c)에 들어갈 '언어 게임'이라는 개념을 도입했다. 따라서 정답은 ❹이다.

북 가이드

가능한 한 '입문서'로 좁혀 보았다. 이 가운데 한 권이라도 좋으니까 딱 와닿는 책을 골라 읽어보기 바란다.

• 철학사

절판되었지만 《일러스트 서양철학사(상·하)》는 학창 시절부터 내가 애독하고 있는 명저다. 본 도서를 읽은 다음에 읽으면 좋을 만한 책이다. 《반철학사》와 《반 철학 입문》은 일관된 관점에서 대담하게 서양철학을 다루었는데 아주 재미있다. 《단가로 읊는 철학사》는 단가(短歌)를 통해 철학의 본질을 읽을 수 있는 전대미문의 입문서다. 신서(新書)로는 《철학 맵》, 《유럽 사상 입문》, 《서양철학사-고대에서 중세로》, 《서양철학사-근대에서 현대로》, 《이야기 철학의 역사》 정도가 잘나가는 대표적인 책이다. 각각 읽고 비교해 보는 것도 좋을 것이다. 책값이 좀 비싸긴 하지만 《서양 정치 사상사 강의-정신사적 고찰》은 읽기 시작하면 책에서 눈을 뗄 수 없을 정도로 지적 자극을 준다. 자화자찬이 되는 셈이지만, 필자가 감수·편집한 《철학용어 도감》, 《철학 대도감》은 보는 것만으로도 즐길 수 있는 책이다. 학습 참고서로는 《센터시험 윤리 점수가 잘 나올 수 있는 책》이 자세히 설명되어 있어 좋다.

• 고대 · 중세(제Ⅰ장)

고대 그리스나 그리스 신화를 가까이서 느끼며 즐겁게 읽을 수 있는 책으로는 《고대 그리스의 리얼》이 있다. 《초보자를 위한 그리스 철학 읽는 법·생각하는 법》은 아주 평이하면서도 핵심을 짚어주는 입문서다. 소크라테스 이전의 철학자에 대해 알고 싶다면 《철학의 원풍경－고대 그리스의 지혜와 언어》가 좋다. 이 책에는 철학의 탄생 현장이 생생하게 묘사되어 있다. 더 자세하게 알고 싶다면 《소크라테스 이전의 철학자》에 범위를 넓혀 보자. 고대 그리스의 철학자 전반에 대해 알고 싶다면 《그리스 철학자 열전(상·중·하)》를 읽으면 된다. 이 책에는 많은 일화가 쓰여 있다. 소크라테스, 플라톤, 아리스토텔레스에 관해서라면 저렴한 입문서도 많으므로 서점이나 도서관 등에서 마음에 드는 것을 찾아보자. 헬레니즘 관련 책으로는 《헬레니즘의 사상가》, 《헬레니즘 철학 － 스토아학파, 에피쿠로스학파,

회의파》 등을 읽어보기를 권한다. 멀리 한눈에 내다볼 수 있게 설명되어 있는 책이다.

중세철학을 알고 싶다면 《신을 철학한 중세 – 유럽 정신의 원류》나 《느끼는 스콜라 철학 – 존재와 신을 맛본 중세》를 읽어보면 이해하기 쉽게 쓰여 있다. 최근에 간행된 《아우구스티누스 – 마음의 철학자》와 《토마스 아퀴나스 – 이성과 신비》는 아우구스티누스와 토마스 아퀴나스의 일생과 함께 난해한 신학을 쉽게 접근할 수 있게 돕는 좋은 책이다.

이 책에는 플라톤의 《소크라테스의 변명》과 《크리톤》, 《메논》, 《국가》, 아리스토텔레스의 《자연학》과 《형이상학》, 《니코마코스 윤리학》, 《정치학》, 마르쿠스 아우렐리우스의 《명상록》, 에피쿠로스의 《에피쿠로스 – 교리와 편지》, 아우구스티누스의 《고백록》, 《신의 나라》, 토마스 아퀴나스의 《신학대전》 등의 원전이 등장한다. 먼저 가장 읽기 쉬운 《소크라테스의 변명》부터 읽어 보자. 여러 번역서가 나와 있지만, 노토미 노부루(納富信留)가 번역한 고전 신역 문고가 설명이 잘 되어 있다.

• 근대(제Ⅱ장)

베이컨으로 시작되는 영국 경험론에 대해 쓴 책으로는 《영미 철학사 강의》가 단연 돋보인다. 이 책에서 다룬 프래그머티즘과 비트겐슈타인에 대한 설명도 잘 되어 있다. 데카르트 관련 책으로는 《데카르트 입문》과 《데카르트》가 잘 나가는 입문서다. 《데카르트의 우울－부정적인 감정을 확실하게 극복하는 방법》은 지금까지 없었던 데카르트식 인생 지침서다.

로크를 다룬 책으로는 《로크 입문 강의》, 《존 로크－신과 인간 사이》가 가볍게 읽힌다. 난해한 스피노자의 《에티카》를 읽는다면 《스피노자의 세계－신 또는 자연》이 가장 도움이 될 것이다. 《느끼는 뇌－정서와 감정의 뇌 과학, 되살아나는 스피노자》는 제일선의 뇌 과학자가 스피노자를 단서로 감정과 정서의 불가사의에 다가가는 책이다. 스피노자의 현대성의 한 단면도 엿볼 수 있다. 《스피노자의 방법》은 데카르트와는 다른 방법을 제시한 스피노자에게 빛을 비춘다. 본격적인 학술서지만 차분히 읽으면 초심자도 독파할 수 있다. 《중동태의 세계－의지와 책임의 고고학》도 스피노자에 대한 이해를 도와준다.

라이프니츠를 다룬 적당한 입문서는 많지 않다. 《철학의 본질 라이프니츠-왜 나는 세상에 단 한 사람밖에 없는 것인가》나 《지식의 교과서 라이프니츠》로 대략적인 내용을 파악하고 《라이프니츠의 정보 물리학- 실체와 현상을 코드로 연결한다》를 읽어보는 것이 좋을 것이다.

라이프니츠와는 반대로 칸트 입문서는 무척 많다. 가장 접근하기 쉬운 책은 《스스로 생각하는 용기-칸트 철학 입문》이다. 고등학생도 읽을 수 있는 평이한 문체로 칸트 철학의 본질을 전해준다. 입문서의 귀감이 될 만한 수준 있는 책이다. 절판되었지만, 《칸트는 이렇게 생각했다- 사람은 왜 '왜' 라고 묻는가》도 출중한 입문서다. 자매 버전인 《칸트 입문》과 같이 읽어볼 것을 권하고 싶다. 《칸트 입문 강의-초월론적 관념론의 논리》는 비판적으로 칸트 입문을 다룬 독특한 책이다.

헤겔에 대해서는 다른 어떤 책보다도 《헤겔·어른이 되고 싶다》와 《새로운 헤겔》이 이해하기 쉽다. 이 중 한 권을 추천하라면 《헤겔·어른이 되고 싶다》를 권하고 싶다. 당시의 시대 상황으로 헤겔의 주요 저작을 다시 읽는 《헤겔과 그 시대》도 원전에 좋은 가교 역할을 해 줄 것이다. 본격적으로 헤겔을 깊이 있게 읽고 싶다면 《헤겔- '다른 것'을 둘러싼 사고》를 꼭 읽어 보기 바란다. 철학을 해석하는 즐거움을 맘껏 맛볼 수 있다.

이 책에는 베이컨의 《학문의 진보》와 《노붐 오르가눔–신 기관》, 데카르트의 《방법서설》, 《성찰》, 스피노자의 《에티카》, 라이프니츠의 《모나돌로지》, 로크의 《인간지성론》, 버클리의 《인지원리론》, 흄의 《인성론》, 칸트의 《순수이성비판》, 《실천이성비판》, 《인륜의 형이상학의 기초》, 헤겔의 《정신 현상학》, 《역사철학 강의》, 《법의 철학》 등의 원전이 등장한다. 이 중에는 데카르트의 《방법서설》이 가장 읽기 쉽지만, 가능하면 《성찰》과 세트로 읽기 바란다. 어떤 번역서도 좋지만, 설명은 치쿠마 학예 문고판이 충실하다.

• 근대 비판(제Ⅲ장)

마르크스에 대해 알고 싶다면 《칼 마르크스–자본주의와 싸운 사회사상가》라는 책을 추천하고 싶다. 이 책을 읽은 후에 《시리즈 세계의 사상 마르크스 자본론》과 《마르크스 자본론의 철학》, 《자본론의 새로운 읽기–21세기의 마르크스 입문》 등을 읽고 《자본론》에 도전하면 좋다. 니체에 관해서는 《얌차의 '최강'의 니체》와 필자가 편집한 《지식 제로의 니체 입문》으로 전체상을 파악해두면 좋다. 《지식 제로의 니체 입문》의 삽화를 그린 후지노 미나코 씨의 만화판 《차라투스트라》는 걸작품이다. 이 책을 읽은 후에는 《니체 입문》, 《이것이 니체다》, 《니체-니힐리즘을 산다》를 읽어보는 것도 좋을 것이다.

프래그머티즘에 대해서는 《희망의 사상 프래그머티즘 입문》, 《프래그머티즘 입문 강의》, 《프래그머티즘 입문》을 읽고 나서 원전에 도전하는 것이 좋다.

하이데거 관련 서적으로는 《누구나 알 수 있는 하이데거-문학부 다다노 교수 마지막 강의》가 출중하다. 이 책을 읽은 후에 《하이데거 존재와 시간 입문》으로 나아가면 《존재와 시간》과 마주할 수 있다.

실존주의 전체를 바라보고 싶다면, 절판되긴 했으나 《실존주의》가 가장 간편하게 읽을 수 있다. 키르케고르는 '사람과 사상' 시리즈인 《키르케고르》가 걸작품이다. 사르트르는 둘 다 절판되었지만 《사르트르-인간 사상의 가능성》과 《철학의 본질 사르트르-잃어버린 직접성을 찾아》 중 하나를 읽고 나서 사르트르 자신의 《실존주의란 무엇인가》를 읽는 것이 좋다.

비트겐슈타인에 대해서는 《비트겐슈타인 '논리 철학 논고'를 읽다》, 《비트겐슈타인 입문》, 《비트겐슈타인은 이렇게 생각했다-철학적 사고의 전 궤적 1912-1951》, 《철학의 본질 비트겐슈타인-나는 소거할 수 있을까》는 모두 훌륭한 입문서다. 내용이 알찬 《철학의 본질 비트겐슈타인-나는 소거할 수 있을까》부터 읽은 후 비트겐슈타인에 대해 알아가는 재미를 만끽하길 바란다.

이 책에는 마르크스의 《경제학 비판》, 《공산당 선언》, 《자본론》, 니체의 《차라투스트라는 이렇게 말했다》, 《우상의 황혼》, 《유쾌한 학문》, 《선악의 저편》, 《도덕의 계보학》, 《권력 의지》, 제임스의 《프래그머티즘》, 듀이의 《철학의 개조》, 하이데거의 《존재와 시간》, 《기술에 대한 질문》, 키르케고르의 《철학적 단편에 부치는 비학문적인 해설문》, 《죽음에 이르는 병》, 사르트르의 《존재와 무》, 《실존주의란 무엇인가》, 비트겐슈타인의 《논리 철학 논고》, 《철학 탐구》 등의 원전이 등장한다. 어떤 책이든 관심 있는 책부터 읽어 보기 바란다.

---

* 위 소개된 도서는 일본에서 출간된 원서이며, 국내 번역판이 아님을 알려드립니다.

에필로그

    센터시험에 출제되는 고등학교 윤리 내용을 철학 입문 책에도 활용할 수 있겠다고 생각한 것은 《철학 용어 도감》을 편집할 때였다. 철학 용어와 개념을 알기 쉽게 설명하는 데는 두꺼운 철학사전보다 윤리 교과서나 참고서, 용어집이 오히려 많은 도움이 되었다.

    그런데 입시 과목에서 윤리는 조연에 불과하다. 국공립대학의 2차 시험이나 사립대학 입시에서는 거의 출제되지 않기 때문에 센터시험 윤리 과목 응시자 수가 다른 과목에 비해 훨씬 적다. 이것은 너무 안타까운 현실이다. 일본사나 세계사를 이해하는 데 고등학교 교과서가 유용하듯이 대학생이나 사회인이 철학의 개요를 이해하는 데 고등학교 윤리 교과서 내용은 딱 좋은 난이도이기 때문이다.

    물론 이 책의 제목과 내용을 보고 위화감을 느끼는 사람도 있을 것이다. 철학의 원뜻인 지(知)를 사랑하는 태도에서 보면 센터시험과 연계하여 철학을 설명하는 책 따위가 옳은 방법으로 느껴질 리 없다. 실제로 현재의 센터시험에서 다루는 윤리는 수험생에게 거의 암기 과목이 되어 버렸다. 알고 지내는 입시학원 강사는 '시험에 나오지 않는 내용을 말하면 클레임이 들어온다'며 불평하기도 했다. 지금 이 시대에 소크라테스가 살았다면 호되게 야단을 쳤을지도 모른다.

하지만 한편 지난 20년 동안의 센터시험 윤리 문제를 읽어보면 출제자가 얼마나 고심했는지 알 수 있다. 출제자도 플라톤이나 데카르트의 사상을 OMR 답안지에 체크하는 식으로 대답하게 하고 싶지는 않을 것이다. 객관식 문제라는 제약 속에서 철학이나 사상의 본질적인 이해를 어떤 식으로 물어야 하는가에 대한 고심의 흔적이 문제의 제시문이나 원전에서 인용한 내용 등에 나타나 있다.

이 책에 센터시험 윤리 문제를 도입한 이유도 거기에 있다. 출제자의 노력이 담긴 센터시험 윤리 문제는 '대학 합격을 위해'라는 의식을 벗어버리면 철학에 입문하는 데 적절한 가이드 역할을 해줄 수 있다.

나는 대학을 졸업한 후 통신교육사업을 하는 Z회에 입사하여 국어와 논술 교재 편집을 담당했다. 프리랜서가 되고 나서는 인문과학과 사회과학 서적과 기사 편집 구성에 참여하는 한편, 학습 참고서 편집과 집필도 해왔다. 대체로 고등학교에서 배운 내용과 학문적 지식의 세계를 잇는 가교 역할이었는데, 나는 의도적으로 그런 일을 선택했다. 그런 의미에서는 고등학교 윤리와 철학 사이의 가교 역할을 꾀한 이 책도 지금까지 한 일의 연장선상에 있다.

하지만 일반 독자를 위한 책은 이번이 처음이라서 나에게는 특별한 의미가 있다. 이 책을 편집자 오바 단 씨와 함께 만들 수 있어서 좋았다. 오바 단 씨와는 지난 10년 동안 계속 함께 책을 만들어왔는데, 그의 격려가 있었기에 완성할 수 있었다. 진심으로 감사드린다. 또한 멋진 일러스트를 그려 주신 히라타 도시유키 씨, 이 책의 교정쇄를 읽고 귀중한 조언을 해주신 도마스 아키나리 씨, 이 책을 집필하는 계기를 만들어준 《철학 용어 도감》의 저자 다나카 마사토 씨, 편집자 나카지마 메구미 씨에게도 감사를 드린다.

2018년 8월 기분 좋은 어느 날
저자 **사이토 테츠야**

| 각주 색인 |

01 **페르시아 전쟁** BC 492년부터 BC 448년까지 지속된 페르시아 제국의 그리스 원정 전쟁으로, 그리스의 여러 도시국가들은 페르시아 제국에 연합 대응하여 성공적으로 공격을 막아냄. • 32

02 **무산 시민** 재산이 없어서 정치 참여가 어려운 시민. 하지만 페리클레스에 의해 진행된 수당 제도를 통해 정치에 참여할 수 있게 됨. • 32

03 **척도** 평가하거나 측정할 때 의거할 기준. • 33

04 **본질** 어떤 존재에 관해 '그 무엇'이라고 정의될 수 있는 성질. • 37

05 **중우정치** 이성보다 일시적 충동에 의하여 좌우되는 어리석은 대중들의 정치. 고대 그리스 민주 정치의 타락한 형태를 이르던 말로서 민주 정치를 멸시하는 뜻으로 쓰임. • 41

06 **윤회전생** 죽은 뒤에도 인간의 영혼은 영원히 존재하며 미래의 생활을 계속한다고 하는 영혼불멸설에 기반한 사상으로 수레바퀴가 끊임없이 구르는 것과 같이, 중생이 번뇌와 업에 의하여 생사 세계를 그치지 아니하고 돌고 도는 일. • 42

07 **편린** 한 조각의 비늘이라는 뜻으로, 사물의 극히 작은 한 부분을 이르는 말. • 44

08 **인식** 사물을 분별하고 판단하여 앎. • 45

09 **자연학** 운동 및 정지의 원리를 그 자체 내에 포함한 자연적 존재를 대상으로 다루는 학문. • 52

10 **형이상학** 경험 세계인 현실 세계를 초월하여 그 뒤에 숨은 본질, 존재의 근본원리를 체계적으로 탐구하려는 학문. • 52

11 **참주제** 고대 그리스의 폴리스에서 비합법적으로 독재권을 확립한 지배자가 통치하는 정치체제. • 59

12 **과두제** 소수의 사람이나 집단이 사회의 권력을 독점하고 행사하는 정치체제. • 59

13 **헬레니즘** 도시 국가(polis)가 붕괴되고, 제국의 출현과 정복 전쟁 등으로 인해서 시민이 아닌 제국의 신민(臣民)으로서의 삶을 살게 됨. 공동체에 영향력을 행사할 수 없고 일체감을 느낄 수 없게 됨. • 61

14 **무위자연** 사람의 힘이 더해지지 않고, 자연 그대로의 질서를 따르는 삶의 자세 때문에 인위적이고 도덕적인 가치나 규범을 거부하는 자연스러운 삶을 강조. • 61

15 **개화(開化)** 사람의 지혜가 열려 새로운 사상, 문물, 제도 따위를 가지게 됨. • 62

16 **평면기하학** 평면 도형 성질에 대하여 연구하는 학문. • 62

58 **형이상학** 경험 세계인 현실 세계를 초월하여 그 뒤에 숨은 본질, 존재의 근본원리를 체계적으로 탐구하려는 학문. • 152

59 **사변적 형이상학** 경험이 아닌 순수한 사고나 이성만으로 본질과 존재의 근본원리를 탐구함. • 152

60 **유물사관** 역사가 발전하는 원동력은 관념(생각)이 아니라 물질이라는 마르크스주의의 역사관. • 158

61 **사적 소유** 개인의 소유. 또는 그 소유물. • 160

62 **블랙 기업** 직원에게 낮은 임금, 장시간 노동, 임금 미지급 등 불합리한 근무 조건에서의 노동을 강요하는 기업. • 162

63 **블랙 바이트** 아르바이트의 블랙 기업 버전. • 162

64 **우화** 인격화한 동식물이나 기타 사물을 주인공으로 등장시켜 그들의 행동 속에 풍자와 교훈의 뜻을 나타내는 이야기. • 165

65 **상대주의** 모든 진리나 가치는 상대적이라고 보는 학설. 사물과 사물 사이의 관계를 인식할 수 있을 뿐 인식 대상 자체는 인식할 수 없다는 입장. • 169

66 **영원회귀** 영원회귀의 개념은 시간은 순환적이라는 것, 그리고 사건들이 동일한 순서로 계속해서 반복된다는 것을 가정하고 있다. "삶이 지금과 똑같이 반복된다고 해도 당신은 그 삶을 또 살겠다고 열망할 수 있는가?"라는 질문에 "그렇다"라고 대답하는 사람은 현재 자기 삶을 긍정하는 표시가 된다. 영원회귀를 이런 방식으로 이해하는 사람은 니체가 영원회귀를 통해 사건들이 실제로 똑같이 반복된다고 주장하는 것이 아니라 삶을 어느 정도로 긍정하고 있는지에 대한 시험대로서 영원회귀를 주장했다고 말한다. • 170

67 **실증주의** 관찰이나 실험으로써 검증할 수 있는 지식만을 인정하려는 철학적 입장. • 175

68 **실존주의** 19세기의 합리주의 관념론이나 실증주의에 반대하여 개인으로서의 인간의 주체적 존재성을 강조하는 사상. • 182

69 **비본래적인 존재** 자신의 삶에 대한 실존적 고민이 없고, 삶의 방향성을 잃은 존재. 이들에게 시간은 의미 없이 흘러가는 세계 속에 '다가오는 것'이다. 때문에 '타인'이 만들어놓은 세상 속에서 뒤처지지 않을까 늘 염려하며 자신의 존재를 잊고 산다. • 187

70 **선구적 결의** 어떤 분야에서 남보다 앞장서 굳게 마음을 먹고 뜻을 정함. • 188

71 **징용성** 강제로 거두어들임. • 189

72 **아버지의 비밀** 그의 부친은 평생을 두 가지 일 때문에 죄의식에 시달렸는데 그 하나는 키르케고르의 어머니와 재혼한 일이었다. 당시의 교회법은 재혼을 금지하고 있었고 더구나 그 여자는 집안의 하녀로서 결혼한 지 두 달 만에 아이를 낳았던 것. 다른

하나는 그가 젊었던 시절 양치기를 할 때 추위와 배고픔에 못 이겨 하늘에다 대고 신을 저주했던 일이다. 이같은 아버지의 비밀을 전해 들은 키르케고르는 아버지의 잘못으로 신이 자신의 집안을 저주하고 있다고 확신했으며 이 때문에 그 자신 역시 결혼해서 남들처럼 행복하게 살 자격이 없다고 판단했고 평생을 '죄의 극복'이라는 명제로 고민하게 됐다. •194

시험에 나오는
철학 입문

2020. 1. 2. 초 판 1쇄 인쇄
2020. 1. 9. 초 판 1쇄 발행

지은이 | 사이토 테츠야
감역자 | 정용휴
옮긴이 | 김선숙
펴낸이 | 이종춘
펴낸곳 | **BM** (주)도서출판 **성안당**
주소 | 04032 서울시 마포구 양화로 127 첨단빌딩 3층(출판기획 R&D 센터)
       10881 경기도 파주시 문발로 112 출판문화정보산업단지(제작 및 물류)
전화 | 02) 3142-0036
       031) 950-6300
팩스 | 031) 955-0510
등록 | 1973. 2. 1. 제406-2005-000046호
출판사 홈페이지 | **www.cyber.co.kr**
ISBN | 978-89-315-8844-6 (03100)
정가 | 14,000원

이 책을 만든 사람들
기획 | 최옥현
진행 | 김해영
교정 · 교열 | 정홍순
본문 디자인 | 김인환
표지 디자인 | 박원석
홍보 | 김계향
국제부 | 이선민, 조혜란, 김혜숙
마케팅 | 구본철, 차정욱, 나진호, 이동후, 강호묵
제작 | 김유석

www.cyber.co.kr ★★★
성안당 Web 사이트

■ **도서 A/S 안내**

성안당에서 발행하는 모든 도서는 저자와 출판사, 그리고 독자가 함께 만들어 나갑니다.
좋은 책을 펴내기 위해 많은 노력을 기울이고 있습니다. 혹시라도 내용상의 오류나 오탈자 등이 발견되면 **"좋은 책은 나라의 보배"**로서 우리 모두가 함께 만들어 간다는 마음으로 연락주시기 바랍니다. 수정 보완하여 더 나은 책이 되도록 최선을 다하겠습니다.
성안당은 늘 독자 여러분들의 소중한 의견을 기다리고 있습니다. 좋은 의견을 보내주시는 분께는 성안당 쇼핑몰의 포인트(3,000포인트)를 적립해 드립니다.
잘못 만들어진 책이나 부록 등이 파손된 경우에는 교환해 드립니다.